अरण्यकाण्ड और किष्किन्धाकाण्ड रामायण COLOR

विवेक कुमार पांडे शंभुनाथ

ISBN 979-888591561-8

क्रम-सूची

प्रस्तावना

इस किताब में अरण्यकाण्ड और किष्किन्धाकाण्ड रामायण में दिया गया है जैसे महर्षि शरभंग, सीता का शंका, राम और हनुमान भेट. इस किताब को लिखने के दौरान कोई भी धर्म और कोई भी जाती एवम किसी भी परिवार के सदस्य को नुकसान नहीं पहुंचा या गया है। इस किताब को लिखा है श्री विवेक कुमार पांडे शंभुनाथ जी ने।

भूमिका

मेरा नाम विवेक कुमार पांडे है और मैं एक लेखक हु , में गुजरात के सुरत में निवास करता हूं.मेरा जन्म ३० सेप्टेंबर को २००२ में हुआ था, और मुझे बचपन से एक्टर बनने का सोख रहा है और अभी भी है.। में कभी ये नहीं सोचता की लोग क्या कर रहे हैं में ये सोचता हूं कि में क्या कर रहा हूं, में आज सफल हूं तो अपने पापा की वजह से आज वो रहते तो उन्हें बहुत खुशी होती , वो सदा और हमेशा मेरे साथ रहेंगे.।

1

अरण्यकाण्ड रामायण

अरण्यकाण्ड

- ### दण्डक वन में विराध वध

सीता और लक्ष्मण के साथ राम ने दण्डक वन में प्रवेश किया। वहाँ पर उन्हें ऋषि-मुनियों के अनेक आश्रम दृष्टिगत हुये। वह क्षेत्र अत्यन्त मनोरम था। वहाँ पर बड़ी बड़ी यज्ञशालाएँ थीं तथा हवन-सामग्री भी प्रचुर मात्रा में उपलब्ध था। उन आश्रमों में तेजस्वी ऋषि-मुनि अपनी आध्यात्मिक साधना में लिप्त रहा करते थे। वीर तपस्वियों के वेश में राम-लक्ष्मण को देखकर वे समस्त ऋषि-मुनि अत्यन्त प्रसन्न हुये।

राम, सीता और सीता का समुचित सत्कार करने के पश्चात् वे बोले, "हे राघव! यद्यपि आप वन में हैं किन्तु हमारे लिये आप ही राजा हैं। हम वनवासियों की रक्षा करना आपका परम कर्तव्य है। आत्मचिन्तन में व्यस्त रहने वाले यहाँ के निवासी तपस्वियों को दुष्ट राक्षस निर्विघ्न रूप से ईश्वर आराधना नहीं करने देते। वे उनकी तपस्या में विघ्न तो डालते ही हैं साथ ही साथ निरपराध तपस्वियों की हत्या भी कर डालते हैं। इसलिये हम आपसे आग्रह करते हैं कि हे रघुनन्दन! आप उनसे हमारी रक्षा करें।

रामचन्द्र ने उन्हें आश्वस्त किया कि वे शीघ्र ही इन राक्षसों का विनाश कर इस क्षेत्र को निरापद कर देंगे। वहाँ से उन्होंने महावन में प्रवेश किया जहाँ नाना प्रकार के हिंसक पशु और नरभक्षक राक्षस निवास करते थे। ये नरभक्षक राक्षस ही तपस्वियों को कष्ट दिया करते थे। कुछ ही दूर जाने के बाद बाघम्बर धारण किये हुये एक पर्वताकार राक्षस दृष्टिगत हुआ। वह राक्षस हाथी के समान चिंघाड़ता हुआ सीता पर झपटा। उसने सीता को उठा उठा लिया और कुछ दूर जाकर खड़ा हो गया।

उसने राम और लक्ष्मण को सम्बोधित करते हुए कहा, "तुम धनुष बाण लेकर दण्डक वन में घुस आये हो। ऐसा प्रतीत होता है कि तुम्हारी मृत्यु निकट आ गई है। तुम दोनों कौन हो? क्या तुमने मेरा नाम नहीं सुना? मैं प्रतिदिन ऋषियों का माँस खाकर अपनी क्षुधा शान्त करने वाला विराध हूँ। तुम्हारी मृत्यु ही तुम्हें यहाँ ले आई है। मैं तुम दोनों का अभी रक्तपान करके इस सुन्दर स्त्री को अपनी पत्नी बनाउँगा।"

उसके दम्भयुक्त वचनों को सुनकर राम लक्ष्मण से बोले, "भैया! विराध के चंगुल में फँसकर सीता अत्यन्त भयभीत एवं दुःखी हो रही है। मेरे लिये यह बड़ी लज्जाजनक बात है कि कोई अन्य व्यक्ति उसका स्पर्श करे। पिताजी की मृत्यु तथा अपने राज्य के अपहरण से मुझे इतना दुःख नहीं हुआ जितना आज भयभीत सीता को देखकर हो रहा है। मुझे यह भी नहीं सूझ रहा है कि इस दुष्ट से सीता की कैसे रक्षा करूँ।"

राम को इस प्रकार दीन वचन कहते सुनकर लक्ष्मण ने क्रुद्ध होकर कहा, "भैया! आप तो महापराक्रमी हैं। आप इस प्रकार अनाथों की भाँति क्यों बात कर रहे हैं? मैं अभी इस दुष्ट राक्षस का संहार करता हूँ।"

फिर विराध से बोले, "रे दुष्ट! अपनी मृत्यु के पूर्व तू हमें अपना परिचय दे और अपने कुल का नाम बता।"

विराध ने हँसते हुये कहा, "यदि तुम मेरा परिचय जानना ही चाहते हो तो सुनो! मैं जय राक्षस का पुत्र हूँ। मेरी माता का नाम शतह्रदा है। मुझे ब्रह्मा जी से यह वर प्राप्त है कि किसी भी प्रकार का अस्त्र-शस्त्र न तो मेरी हत्या ही कर सकती है और न ही उनसे मेरे अंगों छिन्न-भिन्न हो सकते हैं। यदि तुम इस स्त्री को मेरे पास छोड़ कर चले जाओगे तो मैं तुम्हें वचन देता हूँ कि मैं तुम्हें नहीं मारूँगा।"

विराध के वचनों से क्रोधित राम ने उसे तत्काल तीक्ष्ण बाणों से बेधना आरम्भ कर दिया। राम के बाण विराध के शरीर को छेदकर रक्तरंजित हो पृथ्वी पर गिरने लगे। इस प्रकार जब घायल होकर विराध त्रिशूल ले राम और लक्ष्मण पर झपटा तो दोनों भाइयों ने उस पर अग्निबाणों की वर्षा आरम्भ कर दी, किन्तु विराध पर उनका कुछ भी प्रभाव नहीं पड़ा। वे केवल उसके त्रिशूल को ही काट सके। फिर जब भयंकर तलवारों से दोनों भाइयों ने उस पर आक्रमण किया तो वह सीता को छोड़ राम और लक्ष्मण को दोनों भुजाओं में पकड़कर आकाशमार्ग से उड़ चला।

राम ने लक्ष्मण से कहा, "भाई! हमें जिस ओर यह राक्षस ले जा रहा है, बिना विरोध के हमें उधर ही चले जाना चाहिये, यही हमारे लिये उचित है।"

विराध द्वारा राम-लक्ष्मण को ले जाते देख सीता विलाप करके कहने लगी, "हे राक्षसराज! इन दोनों भाइयों को छोड़ दो। मैं तुमसे प्रार्थना करती हूँ मैं तुम्हारे साथ चलने को तैयार हूँ।"

सीता के आर्तनाद करने पर क्रोधित हो कर दोनों भाइयों ने विराध की एक-एक बाँह मरोड़कर तोड़ डाली। वह मूर्छित होकर पृथ्वी पर गिर पड़ा। लक्ष्मण उसे सचेत कर कर के

बार-बार उठा-उठा कर पटकने लगे। वह घायल होकर चीत्कार करने लगा।

तभी राम बोले, "लक्ष्मण! वरदान के कारण यह दुष्ट मर नहीं सकता। इसलिये यही उचित है कि हमें भूमि में गड्ढा खोदकर इसे बहुत गहराई में गाड़ देना चाहिये।"

लक्ष्मण गड्ढा खोदने लगे और राम विराध की गर्दन पर पैर रखकर खड़े हो गये।

तब विराध बोला, "प्रभो! वास्तव में मैं तुम्बुरू नाम गन्धर्व हूँ। कुबेर ने मुझे राक्षस होने का शाप दिया था। मैं शाप के कारण राक्षस हो गया था। आज आपकी कृपा से मुझे उस शाप से मुक्ति मिल रही है।"

राम और लक्ष्मण ने उसे उठाकर गड्ढे में डाल दिया और गड्ढे को पत्थर आदि से पाट दिया। सारा वन प्रान्त उसके आर्तनाद से गूँज उठा।

• **महर्षि शरभंग**

भयंकर बलशाली विराध राक्षस का वध करने के पश्चात् राम, सीता और लक्ष्मण महर्षि शरभंग के आश्रम में पहुँचे। महर्षि शरभंग अत्यन्त वृद्ध थे। उनका शरीर जर्जर हो चुका था। ऐसा प्रतीत होता था कि उनका अन्त-काल निकट है। सीता और लक्ष्मण सहित राम ने महर्षि के चरणस्पर्श किया और उन्हें अपना परिचय दिया। महर्षि शरभंग ने उनका सत्कार करते हुए कहा, "हे राम! इस वन-प्रान्त में कभी-कभी ही तुम जैसे अतिथि आते हैं। अपना शरीर त्याग करने के पहले मैं तुम्हारा दर्शन करना चाहता था। इसलिये तुम्हारी ही प्रतीक्षा में मैंने अब तक अपना शरीर नहीं त्यागा था। अब तुम्हारे दर्शन हो गये, इसलिये मैं इस नश्वर एवं जर्जर शरीर का परित्याग कर ब्रह्मलोक में जाउँगा। मेरे शरीर त्याग करने के बाद तुम इस वन में निवास करने वाले महामुनि सुतीक्ष्ण के पास चले जाना, वे ही तुम्हारा कल्याण करेंगे।"

इतना कह कर महर्षि ने विधिवत अग्नि की स्थापना करके उसे प्रज्वलित किया और घी की आहुति देकर मंत्रोच्चार करते हुये स्वयं अपने शरीर को अग्नि को समर्पित करके ब्रह्मलोक को गमन किया।

महामुनि शरभंग के ब्रह्मलोक गमन के पश्चात् आश्रम की निकटवर्ती कुटियाओं में निवास करने वाले ऋषि-मुनियों ने वहाँ आकर रामचन्द्र से प्रार्थना की, "हे राघव! क्षत्रिय नरेश होने के नाते हम लोगों की रक्षा करना आपका कर्तव्य है। जो हमारी रक्षा करता है उसे भी हमारी तपस्या के चौथाई भाग का फल प्राप्त होता है। किन्तु दुःख की बात यह है कि आप जैसे धर्मात्मा राजाओं के होते हुये भी राक्षसजन हमें अनाथों की तरह सताते हैं और हमारी हत्या तक कर देते हैं। इन राक्षसों ने पम्पा नंदी और मन्दाकिनी नदियों के क्षेत्रों तथा चित्रकूट पर्वत में भयानक उपद्रव मचा रखा है। उनके उपद्रव के कारण तपस्वियों के लिये तपस्या करना ही नहीं जीना भी दूभर हो गया है। ये समाधिस्थ तपस्वियों को मृत्यु के मुख में पहुँचा देते हैं। इसीलिये हम आपकी शरण में आये हैं। आप इस असह्य कष्ट और अपमान

से हमारी रक्षा करें और हमें निर्भय होकर तप करने का अवसर दें।"

राम बोले, "हे ऋषि-मुनियों! आपके कष्टों के विषय में सुनकर मैं अत्यन्त व्यथित हुआ हूँ। पिता की आज्ञा से अभी मुझे चौदह वर्ष पर्यन्त इन वनों में निवास करना है। आप लोगों के रक्षार्थ मैं इस अवधि में राक्षसों का चुन-चुन कर नाश करना चाहता हूँ। आप सबके समक्ष मैं प्रतिज्ञा करता हूँ कि अपने भुजबल से मैं पृथ्वी के समस्त ऋषि-द्रोही राक्षसों को समाप्त कर दूँगा। आप लोग मुझे आशीर्वाद दें ताकि मैं इस उद्देश्य में सफल हो सकूँ।

इस प्रकार से उन्हें धैर्य बँधा और राक्षसों के विनाश की प्रतिज्ञा कर, रामचन्द्र सीता और लक्ष्मण के साथ मुनि सुतीक्ष्ण के आश्रम में आये। उन्होंने अत्यन्त वृद्ध महात्मा सुतीक्ष्ण के चरण स्पर्श किये और उन्हें अपना परिचय दिया। राम का परिचय पाकर महर्षि अत्यन्त प्रसन्न हुये। उन्होंने तीनों को समुचित आसन दिया, उनका कुशलक्षेम पूछा तथा फल आदि से उनका सत्कार किया। वार्तालाप करते करते सूर्यास्त की बेला आ पहुँची तब उन सबने एक साथ बैठकर सन्ध्या-उपासना की और रात्रि विश्राम भी उनके आश्रम में ही किया।

प्रातःकाल राम बोले, "हे मुनिवर! हमारे हृदय में दण्डक वन में निवास करने वाले ऋषि-मुनियों के दर्शन करने की उत्कृष्ट अभिलाषा है। हमने सुना है कि यहाँ ऐसे अनेक ऋषि-मुनि हैं जो सहस्त्रों वर्षों से केवल फलाहार करके तपस्या करते हुये सिद्धि को प्राप्त कर चुके हैं। ऐसे महात्माओं के दर्शनों से जन्म-जन्मान्तर के पाप नष्ट हो जाते हैं। इसलिये आप हमें जाने की आज्ञा दीजिये।"

महर्षि सुतीक्ष्ण ने आशीर्वाद देकर प्रेमपूर्वक उन्हें विदा करते हुए कहा, "हे राम! तुम्हारा मार्ग मंगलमय हो। वास्तव में यहाँ के तपस्वी असीम ज्ञान और भक्ति के भण्डार हैं। तुम अवश्य उनके दर्शन करो। इस वन का वातावरण भी तुम्हारे सर्वथा अनुकूल है। इसमें तुम लोग भ्रमण करके अपने वनवासकाल को सार्थक करो।"

- **सीता की शंका**

मार्ग में सीता ने रामचन्द्र से कहा, "आर्यपुत्र! यद्यपि आप महान पुरुष हैं किन्तु सूक्ष्मरूप से विचार करने पर मुझे प्रतीत होता है कि अधर्म में प्रवृत हो हैं। हे नाथ! इस संसार में कामजनित तीन दोष ऐसे हैं जिनका उन्हें परित्याग करना चाहिये। पहला कामजनित दोष है मिथ्या भाषण, जो आपने न तो कभी किया है और न ही कभी करेंगे। दूसरा कामजनित दोष है पर-स्त्रीगमन। आप एकपत्नीव्रतधारी और महान सदाचारी हैं अतः यह कार्य भी आपके लिये असम्भव है। तीसरा कामजनित दोष है बिना वैरभाव के ही दूसरों के प्रति क्रूरतापूर्ण व्यवहार। यह तीसरा दोष अर्थात् क्रूरतापूर्ण व्यवहार ही आपके समक्ष उपस्थित है और आप इसे करने जा रहे हैं। आपने इन तपस्वियों के समक्ष राक्षसों को समूल नष्ट कर डालने की जो प्रतिज्ञा की है, उसी में मुझे दोष दृष्टिगत हो रहा है। आपके लक्ष्मण के साथ धनुष धारण कर इस वन में प्रवेश करने के कार्य को मैं कल्याणकारी नहीं नहीं

समझती। मुझे यह उचित नहीं लगता कि जिन राक्षसों ने आपको किसी प्रकार की क्षति नहीं पहुँचाई है उनकी हत्या करके आप व्यर्थ ही अपने हाथों को रक्त-रंजित करें। मेरे दृष्टि में यह अनुचित और दोषपूर्ण कृत्य है।

"महाबाहो! पूर्व काल में किसी पवित्र वन में ईश्वर की आराधना में तल्लीन रहने वाले एक सत्यवादी एवं पवित्र ऋषि निवास करते थे। उनकी कठोर तपस्या से इन्द्र भयभीत हो गये और उनकी तपस्या को भंग करना चाहा। एक दिन योद्धा का रूप धारण कर इन्द्र ऋषि के आश्रम में पहुँचे और विनयपूर्वक अपना खड्ग उस ऋषि के पास धरोहर के रूप में रख दिया। ऋषि ने उस खड्ग को लेकर अपनी कमर में बाँध लिया जिससे वह खो न जाय। कमर में बँधे खड्ग के प्रभाव से उनकी प्रवृति में रौद्रता आने लगी। परिणामस्वरूप वे तपस्या कम और रौद्र कर्म अधिक करने लगे। हे स्वामी। शस्त्र और अग्नि की संगति एक सा प्रभाव दिखाने वाली होती है। आपकी यह भीषण प्रतिज्ञा और आप दोनों भाइयों का निरन्तर धनुष उठाये फिरना आप लोगों के लिये कल्याणकारी नहीं है। आपको उन निर्दोष राक्षसों की हत्या नहीं करनी चाहिये जिनका आपके प्रति कोई बैर-भाव नहीं है। बिना शत्रुता के किसी की हत्या करना लोक में निन्दा का कारण भी बनती है। हे नाथ! आप ही सोचिये, कहाँ वन का शान्त तपस्वी अहिंसामय जीवन और कहाँ शस्त्र-संचालन। कहाँ तपस्या और कहाँ निरीह प्राणियों की हत्या। ये परस्पर विरोधी बातें हैं। आपने वन में आकर तपस्वी का जीवन अपनाया है इसलिये उसी का पालन कीजिये। सनातन नियम यही है कि बुद्धिमान लोग कष्ट सहकर भी अपने धर्म की साधना करते हैं।

"मैं नारीसुलभ चपलता के कारण ही मैं आपको धर्म का यह उपदेश दे रही हूँ अन्यथा किसमें सामर्थ्य है जो आपको धर्म का उपदेश दे?"

सीता के वचनों को सुनकर राम बोले, "सीते! जो कुछ तुमने कहा है वह सर्वथा उचित है। मेरे कल्याण की दृष्टि से ही तुमने यह बात कही है। किन्तु हम लोगों के धनुष धारण करने का एकमात्र प्रयोजन आर्यों की रक्षा करना है। यहाँ निवास करने वाले ऋषि-मुनि और तपस्वी राक्षसों के कारण अत्यन्त दुःखी हैं। वे उनसे अपनी रक्षा चाहते हैं और इसके लिये उन्होंने शरणागत होकर मुझसे प्रार्थना की है। उनकी रक्षा के लिये ही मैंने प्रतिज्ञा भी की है। क्षत्रिय का धर्म ही असहाय और दुखियों की रक्षा करना है। ऋषि-मुनि और ब्राह्मणों की सेवा तो मेरा कर्तव्य है। फिर मैं तो उन्हें वचन भी दे चुका हूँ। क्या तुम्हारे विचार से यह उचित है कि मैं उस प्रतिज्ञा को भंग कर दूँ? तुम यह कदापि नहीं चाहोगी कि मैं प्रतिज्ञा भंग करके झूठा कहलाऊँ क्योंकि तुम जानती हो कि सत्य मुझे प्राणों से भी प्रिय है और अपनी प्रतिज्ञा का पालन करने के लिये तुम्हारा और लक्ष्मण का परित्याग भी कर सकता हूँ। मैं अपने प्राण का त्याग कर सकता हूँ किन्तु अपनी प्रतिज्ञा को मिथ्या सिद्ध नहीं होने दे सकता। फिर भी जो कुछ तुमने कहा उससे मैं बहुत प्रसन्न हूँ।"

इसके पश्चात् उन लोगों ने अगस्त्य मुनि के दर्शन के लिये प्रस्थान किया किन्तु उन्हें उनके आश्रम का पता नहीं चल पाया। अनेक ऋषि-मुनियों के दर्शन करते तथा वनों में भ्रमण

करते हुये दस वर्ष व्यतीत हो गये। इस अवधि में उन्होंने अलग-अलग स्थानों में एक-एक दो-दो वर्ष तक कुटिया बनाकर निवास किया। साथ ही साथ अगस्त्य मुनि के आश्रम की भी खोज करते रहे परन्तु अनेक प्रयत्न करने पर भी उनका आश्रम न पा सके।

अन्ततः वे पुनः सुतीक्ष्ण मुनि के आश्रम में आये और बोले, "हे महर्षि! मैं विगत दस वर्ष से वन में भटककर महर्षि अगस्त्य के आश्रम की खोज कर रहा हूँ किन्तु अभी तक उनके दर्शनों का लाभ प्राप्त नहीं कर सका हूँ। उनके दर्शनों की मुझे तीव्र लालसा है। इसलिये कृपा करके आप उनके आश्रम में पहुँचने के लिये मार्ग बताइये।"

मुनिराज सुतीक्ष्ण ने कहा, "हे राम! तुम दक्षिण दिशा में सोलह कोस जाओ। वहाँ तुम्हें एक विशाल पिप्पली वन दृष्टिगत होगा। उस पिप्पली वन के वृक्ष प्रत्येक ऋतु में खिलने वाले सुगन्धियुक्त रंग-बिरंगे फूलों से लदे वृक्ष मिलेंगे। उन पर नाना प्रकार की बोलियों में कलरव करते हुये असंख्य पक्षी होंगे। अनेक प्रकार के हंसों, बकों, कारण्डवों आदि से युक्त सरोवर भी दिखाई देंगे। उसी वन में महात्मा अगस्त्य के भाई का आश्रम है जो वहाँ ईश्वर साधना में तल्लीन रहते हैं। कुछ दिन उनके आश्रम में रहकर विश्राम करें। जब तुम्हारी मार्ग की क्लान्ति मिट जाय तो वहाँ से दक्षिण दिशा की ओर वन के किनारे चलना। वहाँ से चार कोस की दूरी पर महर्षि अगस्त्य का शान्त मनोरम आश्रम है जिसके दर्शन मात्र से अद्वितीय शान्ति मिलती है।

- ## अगस्त्य का आश्रम

सुतीक्ष्ण मुनि से विदा ले कर राम, सीता और लक्ष्मण ने वहाँ से प्रस्थान किया। मार्ग में उन्होंने नीवार (जलकदम्ब), कटहल, साखू, अशोक, तिनिश, चिरिविल्व, महुआ, बेल, तेंदू तथा अन्य अनेक जंगली वृक्ष देखे। विचित्र वनों, मेघमाला सदृश पर्वमालाओं, सरिताओं तथा सरवरों के नयनाभिराम दृश्यों को निरखते हुये तथा दो दिन महर्षि अगस्त्य के भाई के आश्रम में विश्राम करने के पश्चात् वे अगस्त्य मुनि के आश्रम के निकट जा पहुँचे। उस वन का वातावरण अत्यन्त मनोहर था। सुन्दर विशाल वृक्ष खिली हुई लताओं से शोभायमान हो रहे थे। हाथियों द्वारा तोड़े जाकर अनेक वृक्ष पृथ्वी पर पड़े थे। वानरवृन्द वृक्षों की ऊँची-ऊँची शाखाओं पर अठखेलियाँ कर रहे थे। पक्षियों का मधुर कलरव चहुँ ओर सुनाई दे रहा था। हिंसक पशु भी हिरण आदि के साथ, बैरभाव को छोड़कर, कल्लोल कर रहे थे।

उन्हें देखकर राम लक्ष्मण से बोले, "हे लक्ष्मण! महर्षि अगस्त्य के आश्रम के अद्भुत प्रभाव से जन्मजात शत्रु भी, एक दूसरे की हत्या करना भूलकर, परस्पर स्नेह का बर्ताव कर रहे हैं। यह महर्षि के तपोबल का ही प्रभाव है। यहाँ आकर राक्षस भी उपद्रव करना भूल जाते हैं। मैंने सुना है कि महर्षि अगस्त्य से प्रभावित होकर अनेक राक्षसों ने अपनी तामसी वृत्ति को त्याग दिया है और महर्षि के अनन्य भक्त बन गये हैं। इस युग के ऋषि-मुनियों में महामुनि अगस्त्य का स्थान सर्वोपरि है। उनकी कृपा से यहाँ के देवता, राक्षस, यक्ष, गन्धर्व,

नाग, किन्नर आदि सब मानवीय धर्मों का पालन करते हुये अत्यंत प्रेमपूर्वक अपना जीवन यापन करते हैं। इस शान्तिप्रद वन में चोर, डाकू, लम्पट, दुराचारी व्यक्ति आने का साहस नहीं करते। ऐसे महात्मा महर्षि के दर्शन का सौभाग्य आज हमें प्राप्त होगा। तुम आश्रम में जाकर मेरे आने की सूचना दो।"

राम की आज्ञा पाकर लक्ष्मण आश्रम के भीतर गये और महर्षि के एक शिष्य से बोले, "हे सौम्य! कृपा करके तुम महर्षि अगस्त्य को सादर सूचित करो कि अयोध्या के तेजस्वी सम्राट दशरथ के ज्येष्ठ पुत्र श्री रामचन्द्र जी अपनी पत्नी जनकनन्दिनी सीता के साथ उनके दर्शन के लिये पधारे हैं। वे आश्रम में प्रवेश की अनुमति की प्रतीक्षा कर रहे हैं।"

शिष्य से लक्ष्मण का संदेश सुनकर अगस्त्य मुनि बोले, "तुमने यह अत्यन्त आनन्ददायक समाचार सुनाया है। राम की प्रतीक्षा करते हुये मेरे नेत्र थक गये थे। तू जल्दी से जाकर राम को सीता और लक्ष्मण के साथ मेरे पास ले आ।"

शिष्य राम, सीता और लक्ष्मण को लेकर मुनि के पास पहुँचा जो पहले से ही उनके स्वागत के लिये कुटिया के बाहर आ चुके थे। तेजस्वी मुनि को स्वयं स्वागत के लिये बाहर आया देख राम ने श्रद्धा से सिर झुका कर उन्हें प्रणाम किया। सीता और लक्ष्मण ने भी उनका अनुसरण किया। अगस्त्य मुनि ने प्रेमपूर्वक उन सबको बैठने के लिये आसन दिये। कुशलक्षेम पूछने तथा फल-फूलों से उनका सत्कार करने के पश्चात् वे बोले, "हे राम! मैंने दस वर्ष पूर्व तुम्हारे दण्डक वन में प्रवेश करने का समाचार सुना था। उसी समय से मैं तुम्हारी प्रतीक्षा कर रहा हूँ। यह मेरा सौभाग्य है कि आज मेरी इस कुटिया में तुम जैसा धर्मात्मा, सत्यपरायण, प्रतिज्ञापालक, पितृभक्त अतिथि आया है। मेरी कुटिया तुम्हारे आगमन से धन्य हो गई है।"

इसके पश्चात् महर्षि ने राम को कुछ दैवी अस्त्र-शस्त्र देते हुये कहा, "हे राघव! देवासुर संग्राम के समय से ये कुछ दिव्य अस्त्र मेरे पास रखे थे। आज इन्हें मैं तुम्हें देता हूँ। इनका जितना उचित उपयोग तुम कर सकते हो अन्य कोई धर्मपरायण योद्धा नहीं कर सकता। इस धनुष का निर्माण विश्वकर्मा ने स्वर्ण और वज्र के सम्मिश्रण से किया है। ये बाण स्वयं ब्रह्मा जी ने दिये थे। सूर्य के समान देदीप्यमान ये बाण कभी व्यर्थ नहीं जाते। इन्द्र के द्वारा प्रदत्त यह तरकस भी मैं तुम्हें दे रहा हूँ। इनमें अग्नि की भाँति दाहक बाण भरे हुये हैं। यह खड्ग कभी न टूटने वाला है चाहे इस पर कैसा ही वार किया जाय। इन अस्त्र-शस्त्रों को धारण कर के तुम इन्द्र की भाँति अजेय हो जाओगे। इनकी सहायता से इस दण्डक वन में जो राक्षस हैं, उनका नाश करो।"

राम ने महर्षि के इस उपहार के लिये उन्हें अनेक धन्यवाद दिये और बोले, "मुनिराज! आपने मुझे इन अस्त्र-शस्त्रों के योग्य समझा, यह आपकी मुझ पर अत्यन्त अनुकम्पा है जो। मैं अवश्य ही इनका उचित उपयोग करने का प्रयास करूँगा।"

मुनि ने कहा, "नहीं राम! इसमें अनुकम्पा की कोई बात नहीं है। तुम मेरे आश्रम में आने वाले असाधारण अतिथि हो। तुम्हें देख कर मैं कृत-कृत्य हो गया हूँ। लक्ष्मण भी कम

महत्वपूर्ण अतिथि नहीं है। ऐसा प्रतीत होता है कि इनकी विशाल बलिष्ठ भुजाएँ विश्व पर विजय पताका फहराने के लिये ही बनाई गई है। और जानकी का तो पति-प्रेम तथा पति-निष्ठा संसार की स्त्रियों के लिये अनुकरणीय आदर्श हैं। इन्होंने कभी कष्टों की छाया भी नहीं देखी, तो भी केवल पति-भक्ति के कारण तुम्हारे साथ इस कठोर वन में चली आई हैं। इनका अनुकरण करके सन्नारियाँ स्वर्ग की अधिकारिणी हो जायेंगी। तुम तीनों को अपने बीच में पाकर मेरा हृदय प्रफुल्लित हो उठा है। तुम लोग लम्बी यात्रा करके आये हो, थक गये होगे। अतएव अब विश्राम करो। मेरी तो इच्छा यह है कि तुम लोग वनवास की शेष अवधि यहीं व्यतीत करो। यहाँ तुम्हें किसी प्रकार का कष्ट न होगा।"

ऋषि के स्नेहयुक्त वचन सुन कर राम ने हाथ जोड़ कर उत्तर दिया, "हे मुनिराज! जिनके दर्शन बड़े-बड़े राजा-महाराजाओं तथा दीर्घकाल तक तपस्या करने वाले ऋषि-मुनियों को भी दुर्लभ हैं, उनके दर्शन का सौभाग्य मुझे आज प्राप्त हुआ है। भला इस संसार में मुझसे बढ़ कर भाग्यशाली कौन होगा? आपकी इस महान कृपा और अतिथि सत्कार के लिये मैं सीता और लक्ष्मण सहित आपका अत्यन्त कृतज्ञ हूँ। आपकी आज्ञा का पालन करते हुये हम लोग आज की रात्रि अवश्य यहीं विश्राम करेंगे किन्तु वनवास की शेष अवधि आपके मनोरम आश्रम में हृदय से चाहते हुये भी बिताना सम्भव नहीं होगा। मैं आपकी तपस्या में किसी भी प्रकार की बाधा उपस्थित नहीं करना चाहता, परन्तु आपकी सत्संगति के लाभ से भी वंचित नहीं होना चाहता। इसलिये कृपा करके आपके इस आश्रम के निकट ही कोई ऐसा स्थान बताइये जो फलयुक्त वृक्षों, निर्मल जल तथा शान्त वातावरण से युक्त सघन वन हो। वहाँ मैं आश्रम बना कर निवास करूँगा।"

अगस्त्य मुनि ने कुछ क्षण विचार करके उत्तर दिया, "हे राम! तुम्हारे यहाँ रहने से मुझे कोई असुविधा नहीं होगी। यदि फिर भी तुम किसी एकान्त स्थान में अपना आश्रम बनाना चाहते हो तो यहाँ से आठ कोस दूर पंचवटी नामक महावन है। वह स्थान वैसा ही है जैसा तुम चाहते हो। वहाँ पर गोदावरी नदी बहती है। वह स्थान अत्यन्त रमणीक, शान्त, स्वच्छ एवं पवित्र है। सामने जो मधुक वन दिखाई देता है, उत्तर दिशा से पार करने के पश्चात् तुम्हें एक पर्वत दृष्टिगोचर होगा। उसके निकट ही पंचवटी है। वह स्थान इतना आकर्षक है कि उसे खोजने में तुम्हें कोई कठिनाई नहीं होगी।"

मुनि का आदेश पाकर सन्ध्यावन्दन आदि करके राम ने सीता और लक्ष्मण के साथ रात्रि अगस्त्य मुनि के आश्रम में ही विश्राम किया। प्रातःकालीन कृत्यों से निवृत होकर महामुनि से विदा हो राम ने अपनी पत्नी तथा अनुज के साथ पंचवटी की ओर प्रस्थान किया।

• **पंचवटी में आश्रम**

पंचवटी की ओर जाते समय मार्ग में राम, सीता और लक्ष्मण की दृष्टि एक विशालकाय गृद्ध पर पड़ी। लक्ष्मण ने उसे कोई राक्षस समझा और उसका परिचय पाने के उद्देश्य से

उससे पूछा, "तुम कौन हो?"

इस प्रश्न के उत्तर में उसने मधुर वाणी में कहा, "तात्! मैं आपके पिता का मित्र हूँ। मैं गृद्ध जाति के यशस्वी व्यक्ति अरुण का पुत्र हूँ और मेरा नाम जटायु है। कृपा करके आप मुझे अपने साथ रहने की अनुमति दें ताकि आपके साथ रहकर मैं सेवक की भाँति आपकी सेवा कर सकूँ।"

इस प्रकार से अनुमति प्राप्त कर वह राम और लक्ष्मण के साथ चलने लगा।

पंचवटी पहुँचने पर राम ने लक्ष्मण से कहा, "सौम्य! महर्षि अगस्त्य ने हमें जिस स्थान का परिचय दिया था वहाँ हम पहुँच चुके हैं। यही पंचवटी प्रदेश है। सामने गोदावरी नदी भी प्रवाहित हो रही है। अतः तुम किसी जलाशय के निकट रमणीय दृश्य वाले योग्य स्थान का चयन करके उस पर आश्रम बनाने की तैयारी करो।"

लक्ष्मण ने आश्रम बनाने के लिये गोदावरी के तट पर एक स्थान का चयन किया जहाँ पर पुष्पों से लदे वृक्ष अत्यन्त मनोहर प्रतीत हो रहे हैं। वह स्थान चारों तरफ से पुष्पों, गुल्मों तथा लता-वल्लरियों से युक्त साल, ताल, तमाल, खजूर, कटहल, जलकदम्ब, तिनिश, पुंनाग, आम, अशोक, तिलक, केवड़ा, चम्पा, स्यन्दन, चन्दन, कदम्ब, पर्णास, लकुच धव, अश्वकर्ण, खैर शमी, पलाश आदि वृक्षों से घिरा हुआ था। निकट ही गोदावरी नदी प्रवाहित हो रही थी जिसमें हंस और कारण्डव आदि पक्षी विचर रहे थे। चकवे उसकी शोभा बढ़ाते थे और पानी पीने के लिये आये हुए मृगों के झुंड उसके तट पर छाये रहते थे।

लक्ष्मण ने वहाँ पर लकड़ियों तथा घास-फूसों की सहायता से शीघ्रतापूर्वक एक कुटिया का निर्माण कर लिया। फिर उसी कुटिया के निकट उन्होंने सुन्दर लता-पल्लवों की सहायता से एक और कुटिया का निर्माण किया और उस में सुन्दर स्तम्भों से युक्त यज्ञ वेदी बनाई। उसके बाद उन्होंने दोनों कुटियाओं को घेरते हुये चारों ओर काँटों की बाड़ लगा दी।

इस प्रकार आश्रम का निर्माण कर लेने के पश्चात् लक्ष्मण ने राम और सीता को बुला कर आश्रम का निरीक्षण कराया। वे इस सुन्दर आश्रम को देख कर अत्यंत प्रसन्न हुये। लक्ष्मण की सराहना करते हुये राम बोले, "लक्ष्मण! तुमने तो इस दुर्गम वन में भी राजप्रासाद जैसा सुविधाजनक निवास स्थान बना दिया। तुम्हारे कारण तो मुझे वन में भी घर से अधिक सुख-सुविधा प्राप्त हो रही है।"

फिर उन दोनों के साथ बैठ कर राम ने यज्ञ-कुटीर में हवन किया। वे वहाँ सुखपूर्वक रहने लगे और लक्ष्मण दत्तचित्त होकर उन दोनों की सेवा करने लगे। इस प्रकार वहाँ पर शरद ऋतु के दो मास सुखपूर्वक व्यतीत हो गये।

अब हेमन्त ऋतु का आगमन हो चुका था। एक दिन प्रातः बेला में राम सीता के साथ गोदावरी में स्नान करने के लिये जा रहे थे। लक्ष्मण उनके पीछे-पीछे घड़ा उठाये चल रहे थे। सरिता के तट पर पहुँचने पर लक्ष्मण को ध्यान आया कि हेमन्त ऋतु रामचन्द्र जी की सबसे प्रिय ऋतु रही है। वे तट पर घड़े को रख कर बोले, "भैया! यह वही हेमन्त काल है जो आपको सर्वाधिक प्रिय रही है। आप इस ऋतु को वर्ष का आभूषण कहा करते थे। अब शीत अपने

चरमावस्था में पहुँच चुकी है। सूर्य की किरणों का स्पर्श प्रिय लगने लगा है। पृथ्वी अन्नपूर्णा बन गई है। गोरस की नदियाँ बहने लगी हैं। राजा-महाराजा अपनी-अपनी चतुरंगिणी सेनाएँ लेकर शत्रुओं को पराजित करने के लिये निकल पड़े हैं। सूर्य के दक्षिणायन हो जाने के कारण उत्तर दिशा की शोभा समाप्त हो गई है। अग्नि की उष्मा प्रिय लगने लगा है। रात्रियाँ हिम जैसी शीतल हो गई हैं। जौ और गेहूँ से भरे खेतों में ओस के बिन्दु मोतियों की भाँति चमक रहे हैं। ओस के जल से भीगी हुई रेत पैरों को घायल कर रही है। उधर भैया भरत अयोध्या में रहते हुये भी वनवासी का जीवन व्यतीत करते हुये शीतल भूमि पर शयन करते होंगे। वे भी सब प्रकार के ऐश्वर्यों को त्याग कर आपकी भाँति त्याग एवं कष्ट का जीवन व्यतीत कर रहे होंगे। हे तात! विद्वज्जन कहते हैं कि मनुष्य का स्वभाव उसकी माता के अनुकूल होता है, पिता के नहीं, किन्तु भरत ने इस कथन को मिथ्या सिद्ध कर दिया है। उनका स्वभाव अपनी माता के क्रूर स्वभाव जैसा कदापि नहीं है। हमारे और सम्पूर्ण देश के दुःख का कारण वास्तव में उनकी माता का क्रूर स्वभाव ही है।"

लक्ष्मण के कैकेयी के लिये निन्दा भरे अंतिम वाक्यों को सुन कर राम बोले, "लक्ष्मण! इस प्रकार तुम्हें माता कैकेयी की निन्दा नहीं करना चाहिये। वनवास में हमने तापस धर्म ग्रहण किया है और तपस्वी के लिये किसी की निन्दा करना या सुनना दोनों ही पाप है। कैकेयी जैसी भरत की माता हैं, वैसी ही हमारी भी माता हैं। हमें भरत के द्वारा चित्रकूट में आकर कहे हुये विनम्र, मधुर एवं स्नेहयुक्त वचनों को ही स्मरण रखना चाहिये। मैं तो हम चारों भाइयों के पुनः प्रेमपूर्वक मिलन वाले दिन की व्यग्रता से प्रतीक्षा कर रहा हूँ।"

इस प्रकार भरत के वियोग में व्याकुल राम सीता और लक्ष्मण के साथ गोदावरी के शीतल जल में स्नान कर के अपने आश्रम वापस आये।

• शूर्पणखा

पंचवटी के अपने आश्रम में रामचन्द्र सीता के साथ सुखपूर्वक रहने लगे। एक दिन जब राम और लक्ष्मण वार्तालाप कर रहे थे तो वहाँ पर अकस्मात् रावण की बहन शूर्पणखा नामक राक्षसी आ पहुँची। वह राम के तेजस्वी मुखमण्डल, कमल-नयन तथा नीलाम्बुज सदृश शरीर की कान्ति को चकित होकर देख रही थी। राम का मुख सुन्दर था किन्तु शूर्पणखा का मुख अत्यन्त कुरूप था। राम का कटिप्रदेश एवं उदर क्षीण था किन्तु शूर्पणखा बेडौल लंबे पेट वाली थी। राम के नेत्र विशाल एवं मनोहर थे किन्तु शूर्पणखा की आँखें कुरूप तथा डरावनी थीं। राम की वाणी मधुर थी किन्तु शूर्पणखा भैरवनाद करने वाली थी। राम का रुप मनोहर था किन्तु शूर्पणखा का रूप वीभत्स एवं विकराल था।

उन्हें देख कर उसके हृदय में वासना का भाव जागृत हो उठा। इच्छानुसार रूप धारण करने वाली वह राक्षसी मनोहर रूप बनाकर राम के पास पहुँची और बोली, "तुम कौन हो? राक्षसों के इस देश में तुम कैसे आ गये? तुम्हारा वेश तो तपस्वियों जैसा है, किन्तु हाथों में

धनुष बाण भी है। साथ में स्त्री भी है। ये बातें परस्पर विरोधी हैं। तुम मुझे अपना परिचय दो"

राम ने सरल भाव से कहा, "हे देवि! मैं अयोध्या के चक्रवर्ती नरेश महाराजा दशरथ का ज्येष्ठ पुत्र राम हूँ। मेरे साथ मेरा छोटा भाई लक्ष्मण और जनकपुरी के महाराज जनक की राजकुमारी तथा मेरी पत्नी सीता हैं। पिताजी की आज्ञा से हम चौदह वर्ष के लिये वनों में निवास करने के लिये आये हैं। यही हमारा परिचय है। अब तुम अपना परिचय देकर मेरी इस जिज्ञासा को शान्त करो क्योंकि मुझे प्रतीत होता है कि तुम कोई इच्छानुसार रूप धारण करने वाली राक्षसी हो?"

राम के प्रश्न का उत्तर देते हुए वह राक्षसी बोली, "मेरा नाम शूर्पणखा है। मैं लंका के नरेश परम प्रतापी महाराज रावण की बहन हूँ। समस्त संसार में विख्यात विशालकाय कुम्भकरण और परम नीतिवान विभीषण भी मेरे भाई हैं। वे सब लंका में निवास करते हैं। पंचवटी के स्वामी अत्यन्त पराक्रमी खर और दूषण भी मेरे भाई हैं। संसार में शायद ही कोई वीर ऐसा होगा जो इन दोनों भाइयों के साथ समरभूमि में युद्ध करके उन्हें पराजित कर सके। मैं सर्व प्रकार से सम्पन्न हूँ और अपनी इच्छा तथा शक्ति से समस्त लोकों में विचरण कर सकती हूँ। यह तुम्हारी पत्नी सीता मेरी दृष्टि में कुरूप, ओछी, विकृत मानवी है और तुम्हारे योग्य नहीं है। अतः तुम मेरे पति बन जाओ, मैं ही तुम्हारे अनुरूप हूँ। इस अबला सीता को लेकर तुम क्या करोगे। तुम्हारी भार्या बनने के पश्चात् मैं तुम्हारे भाई और सीता को खा जाउँगी और तुम्हारे साथ विचरण करूँगी।"

उसके प्रस्ताव के उत्तर में राम मुसकाते हुए बोले, "भद्रे! तुम देख रही हो कि मैं विवाहित हूँ और मेरी पत्नी मेरे साथ है। हाँ, मेरा भाई लक्ष्मण यहाँ अकेला है। वह सुन्दर, शीलवान एवं बल-पराक्रम से सम्पन्न है। यदि तुम चाहो तो उसे सहमत करके उससे विवाह कर सकती हो।"

राम का उत्तर सुन शूर्पणखा ने लक्ष्मण के पास जाकर कहा, "हे राजकुमार! तुम सुन्दर हो और मैं युवा हूँ। तुम्हारे इस सुन्दर रूप के योग्य मैं ही हूँ, अतः मैं ही तुम्हारी परम सुन्दरी भार्य हो सकती हूँ। मुझे अंगीकार कर लेने पर तुम मेरे साथ इस दण्डकारण्य में सुखपूर्वक विचरण कर सकोगे।"

शूर्पणखा के इस विवाह प्रस्ताव को सुन कर वाक्-पटु लक्ष्मण ने कहा, "सुन्दरी! मैं राम का एक तुच्छ सा दास हूँ। मुझसे विवाह करके तुम केवल दासी कहलाओगी। अच्छा यही है कि तुम राम से ही विवाह कर के उनकी छोटी भार्या बन जाओ। तुम्हारा रूप-सौन्दर्य उन्हीं के योग्य है।"

लक्ष्मण के परिहास को न समझ कर शूर्पणखा ने उसे अपनी प्रशंसा समझा। वह पुनः राम के पास जा कर क्रोध से बोली, "हे राम! इस कुरूपा सीता के लिये तुम मेरा विवाह प्रस्ताव अस्वीकार कर के मेरा अपमान कर रहे हो। इसलिये पहले मैं इसे ही मार कर समाप्त किये देती हूँ। फिर तुम्हारे साथ विवाह कर के मैं अपना जीवन आनन्दपूर्वक व्यतीत करूँगी।"

इतना कह कर प्रचंड क्रोध करती हुई शूर्पणखा विद्युत वेग से सीता पर झपटी। राम ने उसके इस आकस्मिक आक्रमण को तत्परतापूर्वक रोका और लक्ष्मण से बोले, "हे वीर! इस दुष्टा राक्षसी से अधिक वाद-विवाद करना या इसके साथ हास्य विनोद करना उचित नहीं है। इसने तो जानकी की हत्या ही कर डाली होती। तुम्हें इस कुरूपा और कुलटा राक्षसी को उसके किसी अंग से विहीन कर देना चाहिये।"

राम की आज्ञा पाते ही लक्ष्मण ने तत्काल खड्ग निकाला और दुष्टा शूर्पणखा के नाक-कान काट डाले। पीड़ा और घोर अपमान के कारण रोती हुई शूर्पणखा अपने भाइयों, खर-दूषण, के पास पहुँची और घोर चीत्कार कर के उनके सामने गिर पड़ी।

• खर-दूषण से युद्ध

शूर्पणखा का रक्त-रंजित मुखमण्डल देखकर वह क्रोध से काँपते हुये बोला, "बहन! मूर्छा और घबराहट छोड़ मुझे बताओ कि किसने तुम्हें रूपहीन बनाया है? किसने आज इस निद्रानिमग्न नागराज को छेड़ने की मूर्खता की है? किसके सिर पर काल नाच रहा है? मुझे शीघ्र उसका नाम बताओ, उस अपराधी को मेरे क्रोध से देवता, गन्धर्व, पिशाच और राक्षस कोई भी नहीं बचा सकता।"

खर के मुख से निकले इन वचनों सुन कर शूर्पणखा का कुछ धैर्य बँधा। उसने रोते-रोते खर से कहा, " राम और लक्ष्मण नामक दो राजकुमार, जो अयोध्या के राजा दशरथ के पुत्र हैं, इस वन में आये हुये हैं। उनके साथ राम की भार्या सीता भी है। वे दोनों ही बड़े सुन्दर, पराक्रमी और तपस्वी प्रतीत होते हैं। जब मैंने उनसे राम की पत्नी के विषय में पूछा तो वे चिढ़ गये और उनमें से एक ने मेरे नाक-कान काट लिये। भैया! तुम शीघ्र उन्हें परलोक भेज कर उनसे मेरे अपमान का प्रतिशोध लो। मेरे हृदय को शान्ति तभी मिलेगी जब मैं उन तीनों का गरम-गरम रुधिर पी लूँगी।"

तत्काल ही खर ने अपनी सेना के चौदह यमराज के समान भयंकर योद्धा एवं पराक्रमी राक्षसों को आज्ञा दी कि शूर्पणखा के साथ जा कर उन तीनों का वध करो। मेरी बहन को वहीं उनके शरीर का गरम-गरम रक्त पिला कर इसके अपमान की ज्वाला को शान्त करो। खर की आज्ञा पाते ही वे राक्षस भयंकर अस्त्र-शस्त्रों से सुसज्जित होकर राम, लक्ष्मण तथा सीता का वध करने के लिये शूर्पणखा के साथ चल पड़े।

शूर्पणखा के साथ इस राक्षस दल को देखकर राम लक्ष्मण से बोले, "लक्ष्मण! तुम सीता के पास खड़े होकर उसकी रक्षा करो। मैं अभी इन राक्षसों को मार कर यमलोक भेजता हूँ।"

इसके पश्चात् राम धनुष पर प्रत्यंचा चढ़ा कर बाण सँभालकर उन राक्षसों से बोले, "दुष्टों! हम लोग तपस्वी धर्म का पालन कर रहे हैं और किसी निर्दोष पर कभी वार नहीं करते। तुम सब पापात्मा तथा ऋषियों का अपराध करने वाले हो। उन ऋषि-मुनियों की आज्ञा से ही मैं धनुष-बाण लेकर तुम लोगों का वध करने आया हूँ। तुम्हें यदि युद्ध से संतोष

प्राप्त होता हो तो यहाँ ही खड़े रहो अन्यथा लौट जाओ।"

उन राक्षसों ने एक साथ राम पर अपने शस्त्रों से आक्रमण कर दिया। प्रत्युत्तर में राम ने एक साथ चौदह बाण छोड़े जिन्होंने उनकी छातियों में घुस कर उनके प्राणों का हरण कर लिया। वे भूमि पर गिर कर तड़पने लगे और मृत्यु को प्राप्त हुये।

सभी राक्षसों के इस प्रकार मर जाने पर शूर्पणखा रोती-बिलखती खर के पास जाकर बोली, "उन सब राक्षसों को अकेले राम ने ही वध कर डाला। वे सब मिल कर भी उसका कुछ न कर सके। मुझे तो प्रतीत होता है कि तुम महासमर में सबल होने के बाद भी राम के सामने युद्ध में नहीं ठहर सकोगे। यदि तुम स्वयं को शूरवीर समझते हो तो तुम अपनी सम्पूर्ण शक्ति लगा कर उससे युद्ध करो। यदि तुमने शत्रुघाती राम का वध नहीं किया तो मैं तुम्हारे समक्ष ही आत्महत्या करके अपना प्राण त्याग दूँगी।"

शूर्पणखा के द्वारा इस प्रकार तिरस्कृत होने पर खर ने क्रोधित होकर कहा, "शूर्पणखे! तू व्यर्थ ही भयभीत हो कर आत्महत्या करने का प्रलाप कर रही है। मैं तत्काल जाकर उन दोनों भाइयों का वध कर डालूँगा। मेरे समक्ष उनका तेज वैसे ही है जैसे कि सूर्य के सामने जुगनू। तू अकारण चिंता करना त्याग दे।"

शूर्पणखा को सान्त्वना देकर खर अपनी विशाल सेना, जिसमें चौदह सहस्त्र विकट योद्धा थे, को साथ लेकर राम से संग्राम करने के लिये तीव्र गति से चला। विशाल सेना के साथ खर को आते देख कर राम ने लक्ष्मण से कहा, "महाबाहो! ऐसा प्रतीत होता है कि राक्षसराज अपने पूरे दल-बल के साथ चला आ रहा है। आज आर्य और अनार्य के मध्य संघर्ष होगा और निःसन्देह आर्य की विजय होगी। तुम सीता की रक्षा के लिये उसे साथ ले कर शीघ्र ही किसी गुफा में चले जाओ ताकि मैं निश्चिंत होकर युद्ध कर सकूँ।"

लक्ष्मण ने तत्काल अपने अग्रज की आज्ञा पालन किया। वे सीता को ले कर पर्वत की एक अँधेरी कन्दरा में चले गये। अभेद्य कवच धारण कर के राम युद्ध के लिये तैयार हो गये। देवता, यक्ष, किन्नर, गन्धर्व आदि सभी राम के विजय के लिये परमात्मा से इस प्रकार प्रार्थना करने लगे कि हे त्रिलोकीनाथ! वीर पराक्रमी रामचन्द्र को इतनी शक्ति प्रदान करो कि उनके हाथों गौ, ब्राह्मणों तथा ऋषि-मुनियों को अनेक प्रकार से कष्ट देने वाले राक्षसों का नाश हो सके। राक्षसों की सेना ने राम को चारों ओर से घेर लिया तथा आक्रमण की तैयारी करने लगे। राम ने भीषण विनाश करने वाली अग्नि बाण छोड़ दिया जिससे राक्षस हाहाकार करने लगे। राम तत्परता के साथ राक्षसों के द्वारा छोड़े गये बाणों को अपने बाणों से आकाश में ही काटने लगे। इस पर राक्षसों ने अत्यन्त क्रोधित होकर एक साथ बाणों की वर्षा करना आरम्भ कर दिया और राम चारों ओर से उनके बाणों से आच्छादित हो गये। राम ने अपने धनुष को मण्डलाकार करके अद्भुत हस्त-लाघव का प्रदर्शन करते हुये बाणों को छोड़ना आरम्भ कर दिया जिससे राक्षसों के बाण कट-कट कर भूमि पर गिरने लगे। यह ज्ञात ही नहीं हो पाता था कि कब उन्होंने तरकस से बाण निकाला, कब प्रत्यंचा चढ़ाई और कब बाण छूटा। राम के बाणों के लगने से राक्षसगण निष्प्राण होकर भूमि में लेटने लगे। अल्पकाल में

ही राक्षसों की सेना उसी भाँति छिन्न-भिन्न हो गई जैसे आँधी आने पर बादल छिन्न-भिन्न हो जाते हैं। पूरा युद्धस्थल राक्षसों के कटे हुये अंगों से पट गया।

- खर-दूषण वध

खर की सेना की दुर्दशा देख कर दूषण अपनी विशाल सेना को साथ ले कर राम के समक्ष आ डटा। कुछ ही काल में राम के बाणों से उसकी सेना की भी वैसी ही दशा हो गई जैसा कि खर की सेना की हुई थी। अपनी सेना की दुर्दशा देख कर क्रुद्ध दूषण ने मेघ के समान घोर गर्जना की और तीक्ष्ण बाणों की वर्षा आरम्भ कर दी। उसके इस आक्रमण से कुपित होकर राम ने चमकते खुर से दूषण के धनुष को काट डाला तथा एक साथ चार बाण छोड़ कर उसके रथ के चारों घोड़ों को बींध दिया जिससे चारों घोड़े निष्प्राण होकर भूमि पर गिर पड़े। पुनः राम ने एक अद्र्ध चन्द्राकार बाण छोड़कर दूषण के सारथी के सिर को धड़ से अलग कर दिया। इस पर क्रोधित दूषण एक परिध उठा कर राम को मारने झपटा। राम ने भी पलक झपकते ही अपना खड्ग निकाल लिया और दूषण के दोनों हाथ काट डाले। पीड़ा से छटपटाता हुआ वह मूर्छित होकर धराशायी हो गया। दूषण की ऐसी दशा देख कर सैकड़ों राक्षसों ने एक साथ राम पर आक्रमण कर दिया। प्रत्युत्तर में रामचन्द्र ने स्वर्ण तथा वज्र से निर्मित तीक्ष्ण बाण छोड़ कर उन सभी राक्षसों का नाश कर दिया। इस प्रकार से दूषण सहित उसकी अपार सेना यमलोक पहुँच गई।

अब केवल दो लोग ही शेष रह गये थे – खर और उसका सेनापति त्रिशिरा। खर का मनोबल टूट चुका था। अतः उसे धैर्य बँधाते हुये त्रिशिरा ने कहा, "हे राक्षसराज! धैर्य धारण कीजिये। मैं अभी राम का वध करके अपने सैनिकों के वध का प्रतिशोध लेता हूँ। मैं प्रतिज्ञा करता हूँ कि मैं उस तपस्वी को अवश्य मारूँगा अन्यथा मैं युद्धभूमि में अपने प्राण त्याग दूँगा।"

खर को सान्त्वना दे कर वह राम की ओर द्रुत गति से झपटा। उसे अपनी ओर आते देख राम ने तत्परतापूर्वक बाण चलना आरम्भ कर दिया। राम के बाणों से त्रिशिरा के सारथी, घोड़े तथा ध्वजा कट गये। रथ तथा सारथी विहीन सेनापति हाथ में गदा ले कर राम की ओर दौड़ा, किन्तु पराक्रमी राम ने उसे अपने निकट पहुँचने के पहले ही तीक्ष्ण बाण छोड़ा जो उसके कवच को चीर कर हृदय तक पहुँच गया। हृदय में बाण लगते ही त्रिशिरा हतप्राण होकर भूमि पर गिर गया। उस स्थान की सारी भूमि रक्त-रंजित हो गई।

सेनापति के वध हुआ देख कर क्रुद्ध खर राम पर अंधाधुंध बाणों की वर्षा करने लगा। उसके बाण वायुमण्डल में सभी दिशाओं में फैल गये। इस पर राम ने अग्निबाणों की बौछार करना आरम्भ कर दिया। और भी क्रुद्ध होकर खर ने एक बाण से रामचन्द्र के धनुष को काट दिया। खर के इस अद्भुत पराक्रम को देख कर यक्ष, गन्धर्व आदि भी आश्चर्यचकित रह गये, किन्तु अदम्य योद्धा राम तनिक भी विचलित नहीं हुये। उन्होंने अगस्त्य ऋषि

के द्वारा दिया हुआ धनुष उठा कर क्षणमात्र में खर के घोड़ों को मार गिराया। रथहीन हो जाने पर अत्यन्त क्रोधित हो कर पराक्रमी खर हाथ में गदा ले राम को मारने के लिये दौड़ा। उसे अपनी ओर आता देख राघव बोले, "हे राक्षसराज! यदि सम्पूर्ण ब्रह्माण्ड का स्वामी भी निर्दोषों तथा सज्जनों को दुःख देता है तो उसे अन्त में अपने पापों का फल भोगना ही पड़ता है। तुझे भी निर्दोष ऋषि-मुनियों को भयंकर यातनाएँ देने का परिणाम भुगतना पड़ेगा। मैं तुझ जैसे अधर्मी, दुष्ट- दानवों का विनाश करने के लिये ही वन में आया हूँ। अब तेरा भी अन्तिम समय आ पहुँचा है। अब किसी भाँति तू बच नहीं सकता।"

राम के वचनों को सुन कर खर ने कहा, "हे अयोध्या के राजकुमार! तुमने स्वयं के मुख से स्वयं की प्रशंसा करके अपनी तुच्छता का ही परिचय दिया है। तुममें इतना सामर्थ्य नहीं है कि तुम मेरा वध कर सको। मेरी यह गदा आज यह तुम्हें चिरनिद्रा में सुला देगी।"

इतना कह कर खर ने अपनी शक्तिशाली गदा को राम के हृदय का लक्ष्य करके फेंका। राम ने एक ही बाण से उस गदा को काट दिया और एक साथ अनेक बाण छोड़ कर खर के शरीर को क्षत-विक्षत कर दिया। क्षत-विक्षत होने परे भी खर क्रुद्ध सर्प की भाँति राम की ओर झपटा। उसे अपनी ओर लपकते देख कर राम ने अगस्त्य मुनि द्वारा दिये गये एक ही बाण से खर का हृदय चीर डाला। भयानक चीत्कार करता हुआ खर विशाल पर्वत की भाँति धराशायी हो गया और उसकी इहलीला समाप्त हो गई।

राम के विजय पर ऋषि-मुनि, तपस्वी आदि उनकी जय-जयकार करते हुये उन पर पुष्प वर्षा करने लगे। उन्होंने राम की भूरि-भूरि प्रशंसा करते हुये कहा, "हे राघव! आपके इस महान उपकार को दण्डक वन के निवासी तपस्वी कभी न भुला सकेंगे। इन राक्षसों ने अपने विप्लव से हमारा जीवन, हमारी तपस्या, हमारी शान्ति सब कुछ नष्टप्राय कर दिये थे। आज से हम लोग आपकी कृपा से निर्भय और निश्चिन्त हो गये हैं। परमपिता परमात्मा आपका कल्याण करें। आशीर्वाद देकर वे अपने-अपने निवास स्थानों को लौट गये। लक्ष्मण भी सीता को गिरिकन्दरा से ले कर लौट आये। अपने महापराक्रमी पति की शौर्य गाथा सुन कर सीता का हृदय गद्-गद् हो गया।

* रावण को सूचना

खर-दूषण का वध हो जाने पर खर के एक अकम्पन नामक सैनिक ने, जिसने किसी प्रकार से भागकर अपने प्राण बचा लिये थे, लंका में जाकर रावण को खर की सेना के नष्ट हो जाने की सूचना दी। रावण के समक्ष जाकर वह हाथ जोड़ कर बोला, "हे लंकेश! दण्डकारण्य स्थित आपके जनस्थान में रहने वाले आपके भाई खर और दूषण तथा उनके चौदह सहस्र सैनिकों का वध हो चुका है। किसी प्रकार से अपने प्राण बचाकर मैं आपको सूचना देने के लिये आया हूँ।"

यह सुन कर रावण को भारी क्रोध आया। उन्होंने कहा, "कौन है जिसने मेरे भाइयों का सेना सहित वध किया है? मैं अभी उसे नष्ट कर दूँगा। तुम मुझे पूरा वृत्तान्त बताओ।"

अकम्पन ने कहा, "हे लंकापति! अयोध्या के राजकुमार राम ने अपने पराक्रम से अकेले ही सभी राक्षस वीरों को मृत्यु के घाट उतार दिया।"

इस समाचार को सुनकर रावण को आश्चर्य हुआ और उसने पूछा, "खर को मारने के लिये क्या देवताओं ने राम की सहायता की है?"

अकम्पन ने उत्तर दिया, "नहीं प्रभो! देवताओं से राम को किसी प्रकार की सहायता नहीं मिली है, ऐसा उसने अकेले ही किया है। वास्तव में राम तेजस्वी, शक्तिवान और युद्धविद्या में पारंगत योद्धा है। खर जैसे रणबाँकुरे, जिसकी एक गर्जना से सारे देवता काँप जाते थे, को उनकी शक्तिशाली सेना सहित उसने खेल ही खेल में समाप्त कर दिया। उसका रणकौशल देख कर मुझे प्रतीत होता है कि आप अपनी सम्पूर्ण सेना के साथ युद्ध करके भी उसे परास्त नहीं कर सकेंगे। मेरे विचार से उस पर विजय पाने का एक ही उपाय है। उसके साथ उसकी अत्यन्त रूपवती, लावण्यमयी और सुकुमारी पत्नी भी है। राम उससे बहुत प्रेम करता है। वह अपनी पत्नी के बिना एक पल भी नहीं रह सकता। मेरा विश्वास है, यदि आप किसी प्रकार उसका अपहरण कर के ले आयें तो राम उसके वियोग में स्वयं ही मर जायेगा।"

लंकेश रावण को अकम्पन का यह प्रस्ताव सर्वथा उचित प्रतीत हुआ। तत्काल ही वह अपने दिव्य रथ पर सवार हो आकाश मार्ग से उड़ता हुआ अपने परम मित्र मारीच के पास पहुँचा। बिना किसी पूर्व सूचना के रावण को अपने सम्मुख पाकर मारीच बोले, "हे लंकापति! आज अचानक ही आपके यहाँ आने का क्या कारण है? आपकी इतनी हड़बड़ी देखकर मेरे मन में नाना प्रकार की शंकाएँ उठ रही हैं। लंका में सब कुशल तो है?"

रावण ने कहा, "मैं एक विशेष कारण से ही यहाँ आया हूँ। अयोध्या के राजकुमार राम ने मेरे भाई खर और दूषण को उनकी सेना सहित मार डाला है। अब मैं चाहता हूँ कि राम की पत्नी का अपहरण कर लूँ और इसके लिये मुझे तुम्हारी सहायता की आवश्यकता है। सीता के वियोग में राम बिना युद्ध किये ही तड़प-तड़प कर मर जायेगा और मेरा प्रतिशोध पूरा हो जायेगा।"

रावण के वचनों को सुन कर मारीच बोला, "हे लंकापति! तुम्हारा यह विचार सर्वथा अनुचित है। जिस किसी ने भी तुम्हें सीता को हरने का सुझाव दिया है वह वास्तव में तुम्हारा मित्र नहीं शत्रु है। राम अत्यन्त बलशाली और पराक्रमी है और तुम उससे किसी प्रकार भी जीत सकते। राम के होते हुये तुम उससे सीता को नहीं छीन सकते। उसके अद्भुत पराक्रम के सम्मुख तुम एक क्षण भी नहीं टिक सकोगे। तुम्हारा हित इसी में है कि तुम इस विचार को भूलकर कर चुपचाप लंका में जा कर बैठ जाओ।"

- रावण को शूर्पणखा का धिक्कार

रावण के मारीच के पास से लंका लौट आने के कुछ काल पश्चात् ही शूर्पणखा उसके पास आ पहुँची। उस समय रावण अपने मन्त्रियों से घिरा हुआ था। स्वर्ण-सिंहासन पर आरूढ़ रावण वैसे ही शोभा पा रहा था जैसे सोने के ईंटों से निर्मित यज्ञवेदी में घी के द्वारा प्रज्वलित अग्नि। समरभूमि में साक्षात् यमराज की भाँति दिखाई पड़ने वाले रावण ने देवता, गन्धर्व आदि सभी को जीत लिया था। राजोचित लक्षणों से सम्पन्न रावण ने वैदूर्यमणि (नीलम) तथा तपाये हुए सोने से निर्मित आभूषणों से अलंकृत हो रहा था। उसके अंगों पर विष्णु के चक्र तथा देवताओं के विविध आयुधों के अनेक प्रहार हुए थे किन्तु इन प्रहारों के बाद भी उसका कोई भी अंग खण्डित नहीं हुआ था। वह रावण पर्वतशिखरों को तोड़कर फेंक देने वाला, देवताओं को रौंद डालने वाला, धर्म को जड़ से काट देने वाला, दूसरों की भार्याओं के सतीत्व का नाश करने वाला, यज्ञों में विघ्न डालने वाला तथा दिव्यास्त्रों का प्रयोग करने वाला था। उसने समुद्रों तथा पर्वतों पर विजय प्राप्त किया था, नागराज वासुकि को परास्त किया था, तक्षक की प्रिय पत्नी का हरण किया था, कुबेर पर विजय प्राप्त कर उससे पुष्पक विमान छीना था। इन्द्रादि समस्त देवता उससे भयभीत रहते थे, वायु देवता उस पर पंखा डुलाते थे, वरुण उसके यहाँ पानी भरता था और वह मृत्यु को भी परास्त करने की सामर्थ्य रखता था। उसने दस हजार वर्षों त घोर तपस्या करके तथा ब्रह्मा जी को अपने मस्तकों की बलि दे कर देवता, दानव, गन्धर्व, पिशाच, पक्षी और सर्पों से संग्राम में अभय प्राप्त कर लिया था। मनुष्य के सिवा अन्य किसी से भी उसे मृत्यु का भय नहीं रह गया था।

शूर्पणखा राम के द्वारा तिरस्कृत होकर अत्यन्त दुःखी हो रही थी। उसने रावण के पास आ कर क्रोध से फुँफकारते हुए कहा, "धिक्कार है तुम्हारे पराक्रम पर और तुम्हारे इन मन्त्रियों पर। तुम अपनी विलासिता में डूबे हुये हो। तुम सब तो सुरा और सुन्दरियों में व्यस्त रहते हो। हे नीतिवान रावण! क्या अब मुझे तुमको यह भी बताना पड़ेगा कि समय पर उचित कार्य न करने वाले और अपने देश की रक्षा के प्रति असावधान रहने वाले राजा के राज्य के नष्ट हो जाने में क्षणमात्र भी देर नहीं लगती। तुम्हें ज्ञात होना चाहिये कि वृक्ष से गिरे हुये पत्ते और राज्य से च्युत राजा का कोई मूल्य नहीं होता। प्रजा उसी राजा की पूजा करती है जो स्थूल आँखों से सोता है किन्तु नीति की आँखों से जागता है, जिसका क्रोध प्रलयंकर और प्रसन्नता सुखदायिनी है। जिस राजा के गुप्तचर सक्रिय और सतर्क नहीं रहते वह राज्य करने योग्य नहीं होता। तुम्हारे गुप्तचर तो मूर्ख, अयोग्य और आलसी हैं। तुम्हारी बुद्धि दूषित है और मन्त्री भी सर्वथा अयोग्य हैं। उन्हें अभी तक यह पता नहीं कि उनके राज्य दण्डकारण्य में कितनी भयंकर घटना घट चुकी है। मेरे वीर भ्राताओं खर-दूषण का चौदह सहस्त्र राक्षसों सहित संहार हो चुका है। जो ऋषि-मुनि कल तुम्हारे नाम से थर-थर काँपते थे वे आज सिर उठा कर निर्भय हो घूम रहे हैं। तुम तो राम द्वारा किये गये भीषण हत्याकाण्ड से अभी तक अपरिचित हो।"

शूर्पणखा के कटु वचनों से कुपित होकर रावण बोला, "शूर्पणखे! मुझे बताओ कि राम कौन है? उसका बल और पराक्रम कितना है? दुष्कर दण्डकवन में में उसने किसलिये प्रवेश

किया है? उसके पास ऐसा कौन सा अस्त्र है जिससे उसने खर, दूषण और त्रिशिरा का सेना सहित संहार कर दिया? उसने तुझ जैसी सुन्दर अंगों वाली को क्यों कुरूप बना दिया?"

रावण के प्रश्नों का उत्तर देते हुए शूर्पणखा ने कहा, "हे भाई! महाबली राम अयोध्या नरेश दशरथ के पुत्र हैं। वे अत्यन्त निपुण धनुर्धारी हैं। वे अकेले और पैदल थे तो भी उन्होंने मात्र डेढ़ मुहूर्त (तीन घड़ी) में समस्त राक्षसों का संहार कर डाला। मैंने राम के बाणों की वर्षा से राक्षसों को मरते हुए तो देखा किन्तु यह नहीं देख पाई कि कब राम ने धनुष खींचा और कब बाण छोड़ा। स्त्री होने के कारण राम ने मेरा वध नहीं किया और केवल अपमानित करके छोड़ दिया। राम के समान ही पराक्रमी उसका भाई लक्ष्मण और अत्यन्त सुन्दरी उसकी पत्नी सीता भी उसके साथ है। इस भूतल पर मैंने आज तक सीता के समान रूपवती अन्य कोई स्त्री नहीं देखा है। जब मैं सीता को तुम्हारी भार्या बनाने के लिये लाने के लिये उद्यत हुई तो लक्ष्मण ने मुझे कुरूप बना दिया। सीता तुम्हारी ही भार्या बनने योग्य है अतः तुम उसे शीघ्रातिशीघ्र हर लाओ।"

शूर्पणखा का कथन सुनने तथा अपने मन्त्रियों से विचार विमर्ष करने के पश्चात् रावण ने सीता को हर लाने का निश्चय कर लिया। तत्काल उसने अपना रथ तैयार करवाया और उस पर सवार हो अपने मित्र मारीच के पास पहुँच गया।

मारीच ने रावण का समुचित सत्कार करके पूछा, "राजन्! लंका में सब कुशल तो है ना? आप इतनी जल्दी पुनः कैसे लौट आये?"

रावण बोला, "हे मारीच! क्रूर और मूर्ख राम ने अपने बल का आश्रय लेकर मेरे भाई खर और दूषण सेनासहित त्रिशिरा का वध कर दिया है। उसने मेरी बहन शूर्पणखा को भी कुरूप बना दिया है। तुम मेरे मित्र हो। मित्र ही संकट के समय मित्र की सहायता करता है। मैं जानता हूँ कि मेरे मित्रों और शुभचिन्तकों में तुमसे बढ़ कर बलवान, नीतिवान और मुझसे सच्चा स्नेह करने वाला और कोई नहीं है। अतः हे मारीच! मैं चाहता हूँ कि तुम रजत बिन्दुओं वाला स्वर्णमृग बन कर राम के आश्रम के सामने जाओ। तुम्हें देख कर सीता अवश्य राम-लक्ष्मण को तुम्हें पकड़ने के लिये भेजेगी। उन दोनों के चले जाने पर मैं अकेली सीता का अपहरण कर के ले जाऊँगा। राम को सीता का वियोग असह्य होगा और विरह की उस अवस्था में राम को मार डालना मेरे लिये कठिन नहीं होगा।"

रावण के वचन सुनकर मारीच बोला, "हे लंकापति! जैसे कि मैं मैं पहले भी कह चुका हूँ कि ऐसा करना तुम्हारे लिये उचित नहीं होगा। यह कार्य तुम्हारे जीवन के लिये काल बन जायेगा। आश्चर्य की बात है कि वेद-शास्त्रों के ज्ञाता होते हुये भी तुम परस्त्री हरण जैसा भयंकर पाप करने जा रहे हो। तुम्हें ज्ञात होना चाहिये कि राम के क्रोध से तुम बच नहीं सकोगे।"

मारीच के इस उत्तर से क्रुद्ध हो हाथ में खड्ग ले कर रावण बोला, "मारीच! मैं तुझे अपना मित्र समझ कर तेरे पास आया था। तेरा अनर्गल प्रलाप सुनने के लिये नहीं। तेरी कायरतापूर्ण युक्तियों को सुन कर मैं अपना विचार नहीं बदल सकता। सीता का हरण मैं अवश्य ही करूँगा

और तू मेरे आज्ञा का पालन भी करेगा। यदि तू मेरी आज्ञा मान कर मेरे इस कार्य में सहायता नहीं करेगा तो राम-लक्ष्मण से पहले मैं तेरा वध करूँगा।"

रावण के क्रोध से भयभीत होकर मारीच ने अपनी सहमति दे दी। उसकी सहमति से प्रसन्न हो कर रावण बोला, "अब सिद्ध हो गया कि तू मेरा परम मित्र है।"

रावण उसे ले कर दण्डक वन में पहुँच राम के आश्रम की खोज करने लगा। जब आश्रम मिल गया तो मारीच ने रावण के निर्देशानुसार मृग का रूप धारण किया और आश्रम के निकट विचरण करने लगा। इस अद्भुत स्वर्णिम मृग की शोभा देख कर सीता आश्चर्यचकित रह गई और विस्मित हो कर उसके पास पहुँची। मायावी मारीच ने अपनी मृग-सुलभ क्रीड़ाओं से सीता का मन मुग्ध कर लिया।

- स्वर्णमृग

सीता की इच्छा इस अद्भुत मृग को पकड़ कर आश्रम में रखने की हुई। अतः वे राम को पुकारते हुए बोलीं, "हे आर्यपुत्र! आप और लक्ष्मण शीघ्र आइये। देखिये, कितना सुन्दर और अद्भुत स्वर्णमृग यहाँ विचरण कर रहा है।"

उस माया मृग को देख कर लक्ष्मण को सन्देह हुआ और उन्होंने राम से कहा, "तात! मुझे ऐसा प्रतीत होता है कि हमें छलने के लिये इस मृग के रूप में स्वेच्छारूपधारी मारीच ही आया है। हे जगत्पति! इस भूतल पर कहीं भी ऐसा विचित्र रत्नमय मृग नहीं है, अतः निःसन्देह यह माया ही है।"

लक्ष्मण को बीच में ही रोकते हुए सीता राम से बोली, "हे नाथ! यह मृग अत्यन्त सुन्दर है, इसने मेरे मन को मोह लिया है। आप अवश्य ही इसे पकड़ कर लाइये। जब हम वनवास समाप्त कर के अयोध्या लौटेंगे तो यह हमारे प्रासाद की शोभा बढ़ायेगा। यदि यह जीवित न पकड़ा जा सके तो इसे मार कर मृगछाला ही ले आइये। मैं उस पर आपके साथ बैठना चाहती हूँ।"

सीता के आग्रह को देख कर राम लक्ष्मण से बोले, "हे लक्ष्मण! निःसन्देह इस मृग का रूप अत्यंत मनोहर एवं आकर्षक है। यदि यह पकड़ा नहीं भी गया तो मारा तो अवश्य ही जायेगा। इसमें भी सन्देह नहीं है कि इसकी मृगछाला मनोहारी होगी। सीता का आग्रह पूर्ण करने के लिये इसे अवश्य ही पकड़ना चाहिये। तुम्हारी शंका के अनुसार यदि यह राक्षसी माया है तो भी इस राक्षस को मारना उचित ही होगा। तुम सीता की रक्षा करो। मैं इसे जीवित पकड़ने या मारने के लिये जाता हूँ।"

इतना कह कर राम अपने शस्त्रास्त्र धारण कर मायावी मृग के पीछे चल पड़े। राम को अपनी ओर आता देख मृग भी उछलता कूदता गहन वन के भीतर चला गया। वह विविध वृक्षों, झाड़ियों के बीच कभी छिपता और कभी प्रकट होता कभी धीमी तो कभी द्रुत गति से भागने लगा। उसका पीछा करते-करते रामचन्द्र आश्रम से बहुत दूर निकल गये। अन्ततः

मृग के दृष्टिगत होते ही क्रुद्ध हो कर राम ने एक तीक्ष्ण बाण छोड़ा जो मारीच के हृदय तक पहुँच गया। बाण लगते ही मारीच अपने असली वेश में धराशायी हो गया और राम के स्वर में 'हा सीते! हा लक्ष्मण! चीत्कार करते हुए मर गया।

उस राक्षस के मृत शरीर को तथा उसका अपने स्वर में चीत्कार करना देख कर राम को लक्ष्मण का कथन स्मरण हो आया। वास्तव में यह मारीच की माया ही निकली। उन्हें चिन्ता होने लगी कि मेरे स्वर में किये गये चीत्कार को सुन कर सीता की क्या दशा होगी। उन्हे किसी अनिष्ट की आशंका होने लगी और वे द्रुत गति से आश्रम की ओर लौट पड़े।

इधर जब सीता ने अपने पति के स्वर में 'हा सीते! हा लक्ष्मण!' सुना तो उन्होंने व्याकुल हो कर लक्ष्मण से कहा, "हे लक्ष्मण! प्रतीत होता है कि तुम्हारे भैया अवश्य ही किसी संकट में पड़ गये हैं। तुम शीघ्र जा कर उनकी सहायता करो। उनके दुःख भरे शब्द सुनकर मेरा हृदय चिन्ता से बहुत घबरा रहा है।"

आशंका से आतुर सीता के वचन सुन कर लक्ष्मण बोले, "हे आर्ये! इस प्रकार मैं आप को अकेला छोड़ कर नहीं जा सकता। भैया ने आपकी रक्षा का भार मुझे सौंपा है। आप धैर्य धारण करें, भैया अभी आते ही होंगे।"

दुःखी हो कर सीता बोलीं, "लक्ष्मण! ऐसा प्रतीत होता है कि तुम भाई के रूप में उनके शत्रु हो। इसीलिये उनके ऐसे आर्त स्वर सुन कर भी उनकी सहायता के लिये नहीं जाना चाहते। जब उनको ही कुछ हो गया तो मेरी रक्षा से क्या लाभ?"

इस प्रकार कहते हुये उनके नेत्रों से अश्रुधारा बहने लगी। सीता की यह दशा देख कर लक्ष्मण हाथ जोड़ कर बोले, "देवि! आप व्यर्थ दुःखी न हों। संसार में ऐसा कोई भी देवता, दानव, मनुष्य, गन्धर्व नहीं है जो भैया के पराक्रम का सामना कर सके। मायावी राक्षस नाना प्रकार के रूप धारण करते हैं और विविध प्रकार की बोलियाँ बोलते हैं, अतः आपको चिन्ता करने की आवश्यकता नहीं है। आप तनिक प्रतीक्षा करें, वे आते ही होंगे।"

लक्ष्मण के तर्कयुक्त वचनों ने सीता के क्रोध को और बढ़ा दिया। वे बोलीं, "लक्ष्मण! मैं तुम्हारे मनोभावों को भली-भाँति समझ रही हूँ। तुम राम के न रहने पर मुझे पा लेने की लालसा लेकर ही वन में चले आये हो। मैं तुम्हारी दुष्ट इच्छा को कभी पूरा नहीं होने दूँगी। राम के वियोग में मैं अपने प्राण त्याग दूँगी।"

सीता के ये वचन सुन कर लक्ष्मण का हृदय विदीर्ण हो उठा। वे बोले, "देवि! मैं आपकी बातों का कोई उत्तर नहीं दे सकता। स्त्रियों के द्वारा ऐसी अनुचित और प्रतिकूल बातें मुँह से निकालना कोई आश्चर्य की बात नहीं है क्योंकि संसार में नारियों का ऐसा स्वभाव प्रायः देखा जाता है। आज आप की बुद्धि भ्रष्ट हो गई है जो अपने अग्रज की आज्ञा पालन करने वाले अनुज पर ऐसा दुष्टतापूर्ण लांछन लगा रही हैं। मुझे संशय हो रहा है कि आज आप पर अवश्य कोई संकट आने वाला है। वन के समस्त देवता आपकी रक्षा करें। वन के देवता इसके साक्षी हैं कि मैं आपके द्वारा बलात् भेजा जा रहा हूँ।"

लक्ष्मण के वचन सुनकर सीता के नेत्रों से अश्रुधारा बहने लगे और लक्ष्मण उस ओर चल दिये जिधर राम गये थे।

- सीता हरण

लक्ष्मण के जाने के पश्चात् रावण को अवसर मिल गया। वह ब्राह्मण भिक्षुक का वेष धारण कर रावण सीता के पास आया और बोला, "हे सुन्दरी! तुम कोई वन देवी हो या लक्ष्मी अथवा कामदेव की प्रिया स्वयं रति हो? इस पृथ्वी पर तो मैंने तुम्हारे जैसी रूपवती, लावण्यमयी युवती मैंने आज तक इस संसार में नहीं देखा है। तुम कौन हो? किसकी कन्या हो? और इस वन में किस लिये निवास कर रही हो? कहाँ यह तुम्हारा तीनों लोकों में सबसे सुन्दर रूप, तुम्हारी सुकुमारता और कहाँ इस दुर्गम वन में निवास? यह स्थान तो इच्छानुसार रूप धारण करनेवाले भयंकर राक्षसों का निवासस्थान है। तुम यहाँ से चली जाओ, तुम यहाँ रहने योग्य नहीं हो।"

सीता ने कहा, "हे ब्राह्मण! मेरा नाम सीता है। मैं मिथिलानरेश जनक की पुत्री और अयोध्यापति दशरथ के ज्येष्ठ पुत्र श्री रामचन्द्र की पत्नी हूँ। पिता की आज्ञा से मेरे पति अपने भाई भरत को अयोध्या का राज्य दे कर चौदह वर्ष के लिये वनवास कर रहे हैं। उन पराक्रमी सत्यपरायण वीर के साथ मेरे तेजस्वी देवर लक्ष्मण भी हैं। आप अतिथि हैं अतः इस आसन पर बैठ कर यह जल और फल ग्रहण कीजिये। मेरे पति अभी आते ही होंगे। अब आप बताइये महात्मन्! आप कौन हैं और यहाँ किस उद्देश्य से पधारे हैं?"

सीता का प्रश्न सुन कर रावण गरज कर बोला, "हे सीते! मैं तीनों लोकों, चौदह भुवनों का विजेता महाप्रतापी लंकापति रावण हूँ जिसके नाम से देवता, दानव, यक्ष, किन्नर, गन्धर्व, मुनि सभी भयभीत रहते हैं। इन्द्र, वरुण, कुबेर जैसे देवता जिसकी सेवा कर के अपने आप को धन्य समझते हैं। मैं तुम्हारे लावण्यमय सौन्दर्य को देख कर अपनी सुन्दर रानियों को भी भूल गया हूँ और मैं तुम्हें ले जा कर अपनी भार्या बनाना चाहता हूँ। हे मृगलोचने! तुम मेरे साथ चल कर नाना देशों से आई हुई मेरी अत्यन्त सुन्दर रानियों पर पटरानी बन कर शासन करो। मेरी नगरी लंका की सुन्दरता को देख कर तुम इस वन के कष्टों को भूल जाओगी। इसलिये मेरे साथ चलने को तैयार हो जाओ।"

रावण का नीचतापूर्ण प्रस्ताव सुन कर सीता क्रुद्ध स्वर में बोली, "हे अधम राक्षस! तुम परम तेजस्वी, अद्भुत पराक्रमी और महान योद्धा रामचन्द्र के पराक्रम को नहीं जानते इसीलिये तुम मेरे सम्मुख यह कुत्सित प्रस्ताव रखने का दुःसाहस कर रहे हो। अरे मूर्ख! क्या तू वनराज सिंह के मुख में से उसके दाँत उखाड़ना चाहता है? तेरे सिर पर काल नाच रहा है इसीलिये तू यह घृणित प्रस्ताव ले कर यहाँ आया है। तेरी मृत्यु ही तुझे यहाँ ले कर आई है।"

सीता के ये अपमानजनक वाक्य सुन कर रावण के अत्यन्त कुपित हो गया। आँखें लाल करते हुये उसने कहा, "सीते! तू मेरे बल और प्रताप को नहीं जानती। मैं आकाश में खड़ा हो

कर पृथ्वी को गेंद की भाँति उठा सकता हूँ। अथाह समुद्र को एक चुल्लू में भर कर पी सकता हूँ। मैं तुझे लेने के लिये आया हूँ और ले कर ही जाउँगा।"

यह कह कर रावण ने अपने ब्राह्मण वेश को त्याग कर विकराल रूप धारण कर लिया और दोनों हाथों से सीता को उठा कर अपने कंधे पर बिठा निकटवर्ती खड़े विमान पर जा सवार हुआ। इस प्रकार अप्रत्यशित रूप से पकड़े जाने पर सीता ने 'हा राम! हा राम!!' कहते हुये स्वयं को रावण के हाथों से छुड़ाने का प्रयास किया। परन्तु बलवान रावण के सामने उनकी एक न चली। उसने उन्हें बाँध कर विमान में एक ओर डाल दिया और तीव्र गति से लंका की ओर चल पड़ा। सीता निरन्तर विलाप किये जा रही थी, "हा राम! पापी रावण मुझे लिये जा रहा है। हे लक्ष्मण! तुम कहाँ हो? तुम्हारी बलवान भुजाएँ इस समय इस दुष्ट से मेरी रक्षा क्यों नहीं करतीं? हाय! आज कैकेयी की मनोकामना पूरी हुई।"

इस प्रकार विलाप करती हुई सीता ने मार्ग में खड़े जटायु को देखा। जटायु को देखते ही सीता चिल्लाई, "हे आर्य जटायु! देखो, लंका का यह दुष्ट राजा रावण मेरा अपहरण कर के लिये जा रहा है। इस नराधम से आप मेरी रक्षा करने में आप असमर्थ हैं क्योंकि यह बलवान है और अनेक युद्धों में विजय पाने के कारण इसका दुस्साहस बढ़ा हुआ है। आप रावण द्वारा मेरे हर लिये जाने का यह वृत्तान्त मेरे पति से तो अवश्य ही कह देना।"

- जटायु वध

सीता की करुण पुकार सुन कर जटायु ने उस ओर देखा तथा रावण को सीता सहित विमान में जाते देख बोले, "अरे रावण! तू एक पर-स्त्री का अपहरण कर के ले जा रहा है। अरे लंकेश! यह महाप्रतापी श्री रामचन्द्र जी की भार्या है। एक राजा होकर तू ऐसा निन्दनीय कर्म कैसे कर रहा है? राजा का धर्म तो पर-स्त्री की रक्षा करना है। तू काम के वशीभूत हो कर अपना विवेक खो बैठा है। छोड़ दे राम की पत्नी को। हे रावण! मेरे समक्ष तू सीता को नहीं ले जा सकता। प्राण रहते तक मैं सीता की रक्षा करूँगा। ठहर! मैं अभी आता हूँ तुझसे युद्ध करने।"

जटायु के इन कठोर अपमानजनक शब्दों को सुन कर रावण उसकी ओर झपटा जो सीता को मुक्त कराने के लिये विमान की ओर तेजी से बढ़ रहा था। विशालाकार दो पर्वतों की भाँति वे एक दूसरे से टकराये। क्रुद्ध जटायु ने अपने पराक्रम से दो बार रावण के धनुष को तोड़ डाला, उसके रथ को तहस-नहस कर डाला और रावण के सारथि का वध कर डाला। उन्होंने मार-मार कर रावण को घायल कर दिया। घायल होने के बाद भी, रावण वृद्ध और दुर्बल जटायु से अधिक शक्तिशाली था। अवसर पा कर उसने जटायु की दोनों भुजायें काट दीं। पीड़ा से व्याकुल हो कर मूर्च्छित हो वह पृथ्वी पर गिर पड़ा।

जटायु को भूमि पर गिरते देख जानकी "हा राम! हा लक्ष्मण!!" कह कर विलाप करने लगीं। रावण ने सीता को उसके केश पकड़ कर उठा लिया और आकाशमार्ग से लंका की ओर उड़ने लगा। उस समय उन्नत भाल वाली, सुन्दर कृष्ण केशों वाली, गौरवर्णा, मृगनयनी

जानकी का सुन्दर मुख रावण की गोद में पड़ा ऐसा प्रतीत हो रहा था जैसे पूर्णमासी का चन्द्रमा नीले बादलों को चीर कर चमक रहा हो। सीता का क्रन्दन सुन कर वन के सिंह, बाघ, मृग आदि रावण से कुपित हो कर उसके विमान के नीचे उसके पीछे पीछे दौड़ने लगे। पर्वतों से गिरते हुये जल-प्रपात ऐसे प्रतीत हो रहे थे मानों वे भी सीता के दुःख से दुःखी हो कर करुण क्रन्दन करते हुये अश्रु बहा रहे हों। श्वेत बादल से आच्छादित सूर्य भी ऐसा प्रतीत हो रहा था जैसे अपनी कुलवधू की दुर्दशा देख कर उसका मुख श्रीहीन हो गया हो। सब सीता के दुःख से दुःखी हो रहे थे।

दुष्ट रावण से मुक्ति का कोई उपाय न देखकर सीता दीनतापूर्वक परमात्मा से प्रार्थना करने लगी, "हे परमपिता परमात्मा! हे प्रभो! मेरी रक्षा करो, रक्षा करो! हे सर्वशक्तिमान! इस समय मेरी रक्षा करने वाला तुम्हारे अतिरिक्त और कोई नहीं है। हे दयामय! मेरे सतीत्व की रक्षा करने वाले केवल तुम ही हो।"

मार्ग में सीता ने नीचे एक पर्वत पर पाँच वानरों को बैठे देखा। उनको देख कर सीता ने, यह सोचकर कि शायद ये राम को मेरा समाचार बता सकें, अपने सुनहरे रंग की रेशमी चादर में वस्त्र-आभूषण बाँधकर उसे उन वानरों के बीच गिरा दिया। तीव्र गति से उड़ने में व्यस्त रावण को सीता के इस कार्य का बोध नहीं हो पाया।

वनों, पर्वतों और सागर को पार करता हुआ रावण सीता सहित लंकापुरी में पहुँचा। वहाँ उसने सीता को मय दानव द्वारा निर्मित सुन्दर महल में रखा और क्रूर राक्षसियों को बुला कर आज्ञा दी, "मेरी आज्ञा के बिना कोई भी इस स्त्री से मिलने न पावे। यह जो भी वस्त्र, आभूषण, खाद्यपदार्थ माँगे, वह तत्काल इसे दिया जाय। इसे किसी भी प्रकार का कष्ट नहीं होना चाहिये और न कोई इसका तिरस्कार करे। अवज्ञा करने वालों को दण्ड मिलेगा।"

इस प्रकार राक्षसनियों को आदेश दे कर अपने महल में पहुँचा। वहाँ उसने अपने आठ शूरवीर सेनापतियों को बुला कर आज्ञा दी, "तुम लोग जा कर दण्डक वन में रहो। हमारे जनस्थान को राम लक्ष्मण नामक दो तपस्वियों ने उजाड़ दिया है। तुम वहाँ रह कर उनकी गतिविधियों पर दृष्टि रखो और उनकी सूचना मुझे यथाशीघ्र देते रहो। अवसर पा कर उन दोनों की हत्या कर डालो। मैं तुम्हारे पराक्रम से भली-भाँति परिचित हूँ इसीलिये उन्हें मारने का दायित्व तुम्हें सौंप रहा हूँ।"

उन्हें इस प्रकार आदेश दे कर वह कामी राक्षस वासना से पीड़ित हो कर सीता से मिलने के लिये चल पड़ा।

• रावण-सीता संवाद

दुःख से कातर और राम के वियोग में अश्रु बहाती हुई सीता के पास जा कर रावण बोला, "शोभने! अब उस राज्य से च्युत, दीन, तपस्वी राम के लिये अश्रु बहाना व्यर्थ है। राम में

इतनी शक्ति कहाँ है कि यहाँ तक आने का मनोरथ भी कर सके। तू उसे विस्मृत कर दे। विशाललोचने! तू मुझे पति के रूप में अंगीकार ले। समुद्र से घिरे सौ योजन विस्तार वाले अपने इस राज्य को मैं तुझे अर्पित कर दूँगा। मैं, जो तीनों लोकों का स्वामी हूँ, तेरे चरणों का दास बन कर रहूँगा। मेरी समस्त सुन्दर रानियाँ तेरी दासी बन कर रहेंगी। समस्त देव, दानव, नर, किन्नर जो मेरे दास हैं, तेरे दास बन कर रहेंगे। तेरे पहले के दुष्कर्म तुझे वनवास का कष्ट देकर समाप्त हो चुके हैं और अब तेरा पुण्यकर्म ही शेष रह गया है। अब मेरे साथ यहाँ रह कर समस्त प्रकार के पुष्पहार, दिव्य गंध और श्रेष्ठ आभूषण आदि का सेवन कर। सुमुखि! तेरा यह कमल के समान सुन्दर, निर्मल और मनोहर मुख शोक से पीड़ित होकर शोभाहीन हो गया है, मुझे स्वीकार करके उसे पुनः शोभायमान कर। धर्म और लोकलाज का भय निर्मूल है, यह सब मात्र तेरे मिथ्या विचार हैं। किसी सुन्दरी का युद्ध में हरण कर के उसके साथ विवाह करना भी तो वैदिक रीति का ही एक अंग है। इसलिये तू निःशंक हो कर मेरी बन जा। मैं तेरे इन कोमल चरणों पर अपने ये दसों मस्तक रख रहा हूँ, मुझ पर शीघ्र कृपा कर।"

रावण के इन वचनों को सुन कर शोक से कष्ट पाती हुई वैदेही, अपने और रावण के बीच में तिनके का ओट करके, बोली, "हे नराधम! परम पराक्रमी, धर्मपरायण एवं सत्यप्रतिज्ञ दशरथनन्दन श्री रामचन्द्र जी ही मेरे पति हैं। मैं उनके अतिरिक्त किसी अन्य की ओर दृष्टि तक भी नहीं कर सकती। यदि तूने मुझे बलपूर्वक मेरा अपहरण किया होता तो अपने भाई खर की तरह जनस्थान के युद्धस्थल पर ही मारा गया होता किन्तु तू कायरों की तरह मुझे चुरा लाया है। तेरे इस अनर्गल प्रलाप से ऐसा प्रतीत होता है कि अब लंका सहित तेरे विनाश का समय आ गया है। तू इस भ्रम में मत रह कि यदि देवता और राक्षस तेरा कुछ नहीं बिगाड़ सके तो राम भी तुझे नहीं मार सकेंगे। उनके हाथों से ही तेरी मृत्यु निश्चित है। अब तेरा जीवनकाल समाप्तप्राय हो चुका है। तेरे तेज, बल और बुद्धि तो पहले ही नष्ट हो चुके हैं। और जिसकी बुद्धि नष्ट हो चुकी होती है, उसका विनाश-काल दूर नहीं होता। अरे राक्षसाधम! तू महापापी है इसलिये मेरा स्पर्श नहीं कर सकता। तूने कभी सोचा भी है कि कमलों में विहार करने वाली हंसिनी क्या कभी कुक्कुट के साथ रह सकती है? तू मेरे इस संज्ञाशून्य जड़ शरीर को बाँध कर रख ले या काट डाल पर मैं कलंक देने वाला कोई भी निन्दनीय कार्य नहीं कर सकती।"

सीता के कठोर एवं अपमानजनक वाक्य सुन कर रावण कुपित हो कर बोला, "हे मनोहर हास्य वाली भामिनी! मैं तुझे बारह माह का समय देता हूँ। यदि एक वर्ष के अन्दर तू स्वेच्छापूर्वक मेरे पास नहीं आई तो मैं तेरे टुकड़े-टुकड़े कर दूँगा।"

फिर वह राक्षसनियों से बोला, "तुम इसे यहाँ से अशोक वाटिका में ले जा कर रखो और जितना भय और कष्ट दे सकती हो, दो।"

लंकापति रावण की आज्ञा पाकर राक्षसनियाँ सीता को अशोक वाटिका में ले गईं। अशोक वाटिका एक रमणीय स्थल था किन्तु पति वियोग और निशाचरी दुर्व्यवहार के कारण सीता

वहाँ अत्यन्त दुःखी थीं।

सीता का अशोकवाटिका में प्रवेश जानकर पितामह ब्रह्मा देवराज इन्द्र के पास आये और बोले, "सदा सुख में पली हुई पतिव्रता महाभागा सीता पति के चरणों के दर्शन से वंचित होने के कारण दुःख और चिन्ताओं से सन्तप्त हो गई हैं और प्राणयात्रा (भोजन) नहीं कर रही हैं। ऐसी दशा में निःसन्देह वे अपना प्राणत्याग कर देंगी। अतः तुम शीघ्र लंकापुरी में प्रवेश करके उन्हें उत्तम हविष्य प्रदान करो।"

ब्रह्मा जी के आज्ञानुसार इन्द्र तत्काल लंकापुरी पहुँचे। उन्होंने निद्रादेवी की सहायता से समस्त राक्षसों को मोहित कर दिया। फिर वे सीता के पास जाकर बोले, "हे देवि! आप शोक न करें। मैं, शचीपति इन्द्र, राम की सहायता करूँगा। मेरे प्रसाद से वे विशाल सेना लेकर समुद्र पार करके यहाँ आयेंगे। अतः तुम इस हविष्य को स्वीकार करो। इसे खा लेने पर तुम्हें हजारों वर्षों तक भूख और प्यास सन्तप्त नहीं कर पायेंगे।"

शंकित सीता ने उनसे कहा, "मुझे कैसे विश्वास हो कि आप देवराज इन्द्र ही हैं?"

इस पर देवराज इन्द्र ने समस्त देवोचित लक्षणों का प्रदर्शन करके सीता की शंका का निवारण कर दिया।

विश्वास हो जाने पर सीता बोलीं, "यह मेरा सौभाग्य है कि आज आपके मुख से मुझे अपने पति का नाम सुनने को मिला। आप मेरे लिये मेरे श्वसुर दशरथ और पिता जनक के तुल्य हैं। मैं आपके हाथों से इस पायसरूप हविष्य (दूध से बनी हुई खीर) को स्वीकार करती हूँ। यह रघुकुल की वृद्धि करने वाला हो।"

इस प्रकार से इन्द्र द्वारा प्रदत्त हविष्य को खाकर जानकी भूख-प्यास के कष्ट से मुक्त हो गईं और देवराज इन्द्र, राक्षसों को मोहित करने वाली निद्रा के साथ, देवलोक को चले गये।

- राम की वापसी और विलाप

मारीच का वध कर के राम आश्रम की ओर लौट रहे थे तो पीछे से एक मादा सियार ने बड़े कठोर स्वर में चीत्कार किया। वन के मृग एवं पक्षी उनके बायीं ओर चलने और उड़ने लगे। इन अपशकुनों को देखकर राम का हृदय आशंकित हो उठा। उन्हें सीता के अशुभ की चिन्ता सन्तप्त करने लगी। इतने में ही उन्होंने मार्ग में लक्ष्मण को आते देखा। लक्ष्मण को देख कर उन्हें ऐसा प्रतीत हुआ कि किसी राक्षसी षड्यंत्र के फलस्वरूप सीता किसी कठिनाई में फँस गई है।

चिन्तित हो कर उन्होंने लक्ष्मण से पूछा, "लक्ष्मण! सीता कहाँ है? मैंने तुम्हें आदेश दिया था कि तुम सीता की रक्षा करना तो तुम उसे अकेली कैसे छोड़ आये? वह किसी विपत्ति में तो नहीं फँस गई? वह जीवित होगी कि नहीं? शीघ्र बताओ उसे क्या हुआ है? यदि वह जीवित नहीं होगी तो मैं भी अपने प्राण त्याग दूँगा। कहीं ऐसा तो नहीं है कि उस मायावी राक्षस ने हा 'लक्ष्मण!' कह कर तुम्हें भी भ्रम में डाल दिया है और तुम सीता को अकेली छोड़ कर यहा

दौड़ आये हो? अथवा सीता ने ही भ्रमित हो कर तुम्हें यहाँ आने को विवश किया हो। ऐसा प्रतीत होता है कि राक्षसों ने अपने प्रतिशोध लेने के लिये यह चाल चली है और तुम इसमें फँस गये हो। खर और दूषण की मृत्यु का बदला लेने के लिये उन्होंने सीता का वध कर डाला होगा।"

राम के इन वचनों से व्यथित लक्ष्मण बोले, "भैया! मैं उन्हें स्वयं अपनी इच्छा से छोड़ कर नहीं आया हूँ। मैंने उन्हें अनेक प्रकार से समझाया किन्तु वे चेतना मोह से ग्रसित होकर मुझसे कहने लगीं कि तुम्हारे मन में पापपूर्ण भाव भरा हुआ है, तुम अपने भाई के दुश्मन हो और उनकी मृत्यु के पश्चात् मुझे प्राप्त करना चाहते हो। उनके इस प्रकार से कहने पर मैं रोष से भर उठा और आश्रम से निकल आया। इस प्रकार से उन्होंने ही कठोर वचन कह कह कर मुझे यहाँ आने के लिये विवश कर दिया।"

लक्ष्मण के वचनों को सुनकर राम ने कहा, "सौम्य! तुम सीता को छोड़ कर चले आये यह तुमने अच्छा नहीं किया। सीता तो क्रोध में विक्षिप्त हो रही थी और क्रोध में भरी हुई नारी के मुख से कठोर वचन निकलना आश्चर्य की बात नहीं है। किन्तु तुम तो समझदार हो। मेरे आदेश की अवहेलना कर तुम्हारा इस प्रकार से चले आना अनुचित है।"

चिन्तित राम और लक्ष्मण जब अपने आश्रम पहुँचे तो। उन्हें सीता कहीं दिखाई नहीं दी। उन्होंने समस्त पर्णशालाओं को देख डाला किन्तु वे सभी सभी सूनी मिलीं। जैसे हेमन्त ऋतु के हिम से ध्वस्त होकर कमलिनी श्रीहीन हो जाती है उसी प्रकार से पर्णशालाएँ शोभाशून्य थीं। आश्रम के वृक्ष और पत्ते भी वायु में सन-सना कर दुःख से रो रहे प्रतीत होते थे। मृगछाला और कुश इधर-उधर बिखरे पड़े थे, आसन औंधे पड़े थे, वृक्षों के फूल-पत्ते तथा कहीं-कहीं टहनियाँ टूटी या अधटूटी पड़ी थीं।

आश्रम का अस्त-व्यस्त दृष्य देख कर राम विचार करने लगे। सीता का किसी ने हरण कर लिया, अथवा किसी दुष्ट राक्षस ने उसे अपना आहार बना लिया। कहीं वह फूल चुनने तो नहीं गई या जल लाने नदी पर तो नहीं चली गई। जब सब ओर खोजने पर भी उन्हें सीता कहीं दिखाई न दी तो शोक के कारण उनकी आँखें लाल हो गईं। नदी-नालों, पर्वत-कन्दराओं में जा-जा कर वे उन्मत्त की भाँति आवाज दे-दे कर सीता की खोज करने लगे। अन्त में उनकी उन्मत्तता इतनी बढ़ गई कि वे कभी कदम्ब के वृक्ष के पास जाकर कहते, "हे कदम्ब! मेरी सीता को तेरे पुष्पों से बहुत स्नेह था। तू ही बता वह कहाँ है?" कभी विल्व के पास जा कर उससे पूछते, "हे विल्व विटप! क्या तुमने पीतवस्त्रधारिणी सीता को कहीं देखा है?" इस प्रकार वे कभी किसी वृक्ष से, कभी किसी लता से और कभी पुष्प समूहों से सीता का पता पूछते। कभी अशोक वृक्ष के पास जा कर कहते, "अरे अशोक विटप! तेरा तो नाम ही अशोक है, फिर तू सीता से मेरी भेंट करा कर मेरे शोक का हरण क्यों नहीं करता?" फिर ताड़ के वृक्ष से कहते, "तू तो सब वृक्षों से ऊँचा है। तू दूर-दूर की वस्तुएँ देख सकता है। देख कर बता क्या तुझे सीता कहीं दिखाई दे रही है। चुपचाप खड़ा न रह। यदि तू देखना चाहेगा तो तुझे वह अवश्य दिखाई देगी।"

इस प्रकार नाना प्रकार के वृक्षों से पूछ-पूछ कर रामचन्द्र विलाप करने लगे, "हे प्राणवल्लभे जानकी! तू कहाँ छिप गई? यदि तू वृक्षों की ओट में छिप कर हँसी कर रही है तो मैं तुझसे प्रार्थना करता हूँ, तू प्रकट हो जा। देख, मैं तेरे बिना कितना व्याकुल हो रहा हूँ। अब बहुत हँसी हो चुकी। मैं हार मानता हूँ। मैं तुझे नहीं ढूँढ पा रहा हूँ। या तू सचमुच मुझसे रूठ गई है। हा सीते! बोल, जल्दी बोल, तू कहाँ है? इधर देख, तेरे साथ खेलने वाले मृग शावक भी तेरे वियोग में अश्रु बहा रहे हैं। सीते! तेरे बिना मैं जीवित नहीं रह सकता। मैं चाहता हूँ, अभी तेरे वियोग में अपने प्राण त्याग दूँ किन्तु पिता की आज्ञा से विवश हूँ। मुझे स्वर्ग में पा कर वे धिक्करेंगे और कहेंगे 'तू मेरी आज्ञा की अवहेलना कर के – चौदह वर्ष की वनवास की अवधि पूरी किये बिना ही – स्वर्ग में कैसे चला आया।' हा! मैं कितना अभागा हूँ, जो तुम्हारे विरह में मर भी नहीं सकता। हाय जानकी! तुम ही बताओ, तुम्हारे बिना मैं क्या करूँ?"

बड़े भाई को विलाप करते देख लक्ष्मण ने उन्हें धैर्य बँधाते हुये कहा, "हे नरोतम! रोने और धैर्य खोने से कोई लाभ नहीं होगा। आइये, आश्रम से बाहर चल कर वनों और गिरि-कन्दराओं में भाभी की खोज करें। उन्हें वनों तथा पर्वतों में भ्रमण करने का चाव था। सम्भव है, वहीं कहीं भ्रमण कर रही हों। यह भी सम्भव है कि गोदावरी के तट पर बैठी मछलियों की जलक्रीड़ा देख रहीं हों या किसी भय की आशंका से भयभीत हो कर किसी लता कुँज में बैठी हों। इसलिये हमारे लिये यही उचित है कि हम विषाद और चिन्ता को छोड़ कर उनकी खोज करें।"

लक्ष्मण के युक्तियुक्त वचन सुन कर राम उसके साथ वनों, लताओं, गिरि-कन्दराओं आदि में खोज करने के लिये चले। उन दोनों ने समस्त वन, पर्वत-कन्दरा आदि में खोज डाला, किन्तु सीता उन्हें कहीं नहीं मिली।

अन्त में राम निराश हो कर बोले, "सौमित्र! यहाँ तो कोई ऐसा स्थान शेष नहीं बचा जहाँ हमने जानकी की खोज न की हो, परन्तु हमें सर्वत्र निराशा ही हाथ लगी। अब ऐसा प्रतीत होता है कि मेरी सीता मुझे कभी नहीं मिलेगी। मैं वनवास की अवधि बिता कर जब अयोध्या लौटूँगा और माता कौसल्या पूछेंगी कि सीता कहाँ है तो मैं उन्हें क्या उत्तर दूँगा? मिथिलापति जनक को क्या मुँह दिखाऊँगा।"

वे जोर-जोर से विलाप करने लगे, "हे सीते! मैं तुम्हें कहाँ ढूँढूँ? हे वनों के मृगों! क्या तुमने कहीं मृगनयनी सीता को देखा है? हे वनों की कोकिलों! क्या तुमने कहीं कोकिलाकण्ठी जानकी को देखा है? कोई तो कुछ बताओ। क्या सभी मेरे लिये निर्मोही हो गये हो? कोई नहीं बोलता, कोई नहीं बताता। कोई भी मुझसे बात करना नहीं चाहता। मैं नपुंसक हूँ, कायर हूँ जो अपनी भार्या की रक्षा न कर सका।"

थोड़ी देर मौन रहने के पश्चात् वे फिर लक्ष्मण से बोले, "हे सौमित्र! अब सीता के बिना मैं किसी को मुख दिखाने के लायक नहीं रहा। मैं अवधि पूर्ण होने पर भी अयोध्या नहीं जाऊँगा। तुम अब अयोध्या लौट जाओ। भरत से कह देना अब तुम ही अयोध्या का राज्य सँभालो। मैं कभी नहीं लौटूँगा। माता कौसल्या से कहना कि किस प्रकार सीता का अपहरण हो गया और मैं

उसकी विरह-व्यथा को न सह सकने के कारण राम ने आत्महत्या कर ली। अब तुम्हारे जाते ही मैं गोदावरी नदी में डूब कर अपने प्राण त्याग दूँगा। मैं इस संसार में सबसे बड़ा पापी हूँ। इसीलिये तो मुझे एक के पश्चात् एक अनेक दुःख मिलते चले जा रहे हैं। पहले पिताजी का स्वर्गवास हुआ और अब सीता भी मुझे छोड़ कर जाने कहाँ चली गई। घर बार और सम्बंधी तो पहले ही छूट गये थे। मुझे रह-रह कर यह ध्यान आता है कि सीता राक्षसों के चंगुल में फँस गई है। वह भी रो-रो कर अपने प्राण विसर्जित कर रही होगी। तुम कहते हो कि वन में या गोदावरी के तट पर गई होगी। ये सब मुझे बहलाने की बातें हैं। जो वनवास की इतनी लम्बी अवधि में एक बार भी आश्रम से अकेली बाहर नहीं निकली, वह आज ही कैसे जा सकती है? अवश्य ही राक्षसों ने उसका अपहरण कर लिया है अथवा उसे अपना आहार बना लिया है। इन वृक्षों, पशुओं आदि से इतना सामीप्य होते हुये भी कोई मुझे सीता का पता नहीं बताता। हा सीते। हा प्राणवल्लभे! तू ही बता मैं तुझे कहाँ ढूँढू? कहाँ जा कर खोजूँ?"

• जटायु की मृत्यु

राम को इस प्रकार दुःख से कातर और शोक सन्तप्त देख लक्ष्मण ने उन्हें धैर्य बँधाते हुये कहा, "भैया! आप तो सदैव मृदु स्वभाव वाले और जितेन्द्रिय रहे हैं। शोक के वशीभूत होकरआप अपने स्वभाव का परित्याग मत कीजिये। हे रघुकुलभूषण! कितने ही महान कर्म, अनुष्ठान और तपस्या करके हमारे पिता महाराज दशरथ ने आपको प्राप्त किया है। आपसे वियोग हो जाने के कारण ही उन्होंने अपने प्राण त्याग दिये। आप धैर्य धारण करें। संसार में प्रत्येक प्राणी पर विपत्तियाँ आतीं हैं किन्तु विपत्तियाँ हमेशा नहीं रहतीं, कुछ काल पश्चात् उनका अन्त हो जाता है। हमारे गुरु वसिष्ठ जी के सौ पुत्रों का एक ही दिन में गुरु विश्वामित्र ने वध कर दिया था। देवता तक भी प्रारब्ध की मार से नहीं बच पाते फिर देहधारी प्राणी कैसे बच सकते हैं? आप तो स्वयं महान विद्वान हैं मै भला आपको क्या शिक्षा दे सकता हूँ। आप परिस्थितियों पर विचार कर के धैर्य धारण करें। इस जनस्थान में खोजने से कहीं न कहीं हमें जानकी जी अवश्य मिल जायेंगी।"

लक्ष्मण के सारगर्भित उत्तम वचनों को सुन कर राम ने प्रयासपूर्वक धैर्य धारण किया और लक्ष्मण के साथ सीता की खोज करने के लिये खर-दूषण के जनस्थान की ओर चले। मार्ग में उन्होंने विशाल पर्वताकार शरीर वाले जटायु को देखा। उसे देख कर उन्होंने लक्ष्मण से कहा, "भैया! मुझे ऐसा प्रतीत होता है कि इसी जटायु ने सीता को खा डाला है। मैं अभी इसे यमलोक भेजता हूँ।"

ऐसा कह कर अत्यन्त क्रोधित राम ने अपने धनुष पर प्रत्यंचा चढ़ाई और जटायु को मारने के लिये आगे बढ़े। राम को अपनी ओर आते देख जटायु बोला, "आयुष्मान्! अच्छा हुआ कि तुम आ गये। सीता को लंका का राजा हर कर दक्षिण दिशा की ओर ले गया है और उसी ने मेरे पंखों को काट कर मुझे बुरी तरह से घायल कर दिया है। सीता की पुकार सुन कर

मैंनें उसकी सहायता के लिये रावण से युद्ध भी किया। ये मेरे द्वारा तोड़े हुए रावण के धनुष उसके बाण हैं। इधर उसके विमान का टूटा हुआ भाग भी पड़ा है। यह रावण का सारथि भी मरा हुआ पड़ा है। परन्तु उस महाबली राक्षस ने मुझे मार-मार कर मेरी यह दशा कर दी। वह रावण विश्रवा का पुत्र और कुबेर का भाई है।"

इतना कह कर जटायु का गला रुँध गया, आँखें पथरा गईं और उसके प्राण पखेरू उड़ गये।

जटायु के प्राणहीन रक्तरंजित शरीर को देख कर राम अत्यन्त दुःखी हुए और लक्ष्मण से बोले, "भैया! मैं कितना अभागा हूँ। राज्य छिन गया, घर से निर्वासित हुआ, पिता का स्वर्गवास हो गया, सीता का अपहरण हुआ और आज पिता के मित्र जटायु का भी मेरे कारण निधन हुआ। मेरे ही कारण इन्होंने अपने शरीर की बलि चढ़ा दी। इनकी मृत्यु का मुझे बड़ा दुःख है। तुम जा कर लकड़ियाँ एकत्रित करो। ये मेरे पिता तुल्य थे इसलिये मैं अपने हाथों से इनका दाह-संस्कार करूँगा।"

राम की आज्ञा पाकर लक्ष्मण ने लकड़ियाँ एकत्रित कीं। दोनों ने मिल कर चिता का निर्माण किया। राम ने पत्थरों को रगड़ कर अग्नि निकाली। फिर द्विज जटायु के शरीर को चिता पर रख कर बोले, "हे पूज्य गृद्धराज! जिस लोक में यज्ञ एवं अग्निहोत्र करने वाले, समरांगण में लड़ कर प्राण देने वाले और धर्मात्मा व्यक्ति जाते हैं, उसी लोक को आप प्रस्थान करें। आपकी कीर्ति इस संसार में सदैव बनी रहेगी।"

यह कह कर उन्होंने चिता में अग्नि प्रज्वलित कर दी। थोड़ी ही देर में जटायु का नश्वर शरीर पंचभूतों में मिल गया। इसके पश्चात् दोनों भाइयों ने गोदावरी के तट पर जा कर दिवंगत जटायु को जलांजलि दी।

• कबन्ध का वध

इस प्रकार पक्षिराज जटायु के लिये जलांजलि दान कर के वे दोनों रघुवंशी बन्धु सीता की खोज में दक्षिण दिशा की ओर चले। कुछ दूर आगे चल कर वे एक ऐसे वन में पहुँचे जो बहुत से वृक्षों, झाड़ियों एवं लता बेलों द्वारा सभी ओर से घिरा हुआ था तथा अत्यन्त दुर्गम, गहन और दुर्गम था। उसे पार कर वे क्रौंचारण्य नामक वन, जो कि जनस्थान से तीन कोस दूरी पर स्थित था, के भीतर पहुँचे। वह वन भी सघन अनेक मेघों के समूह के सदृश श्याम प्रतीत होता था किन्तु विविध रंग के सुन्दर फूलों से सुशोभित होने का कारण हर्षोत्फुल्ल सा भी जान पड़ता था। उसके भीतर अनेक पशु-पक्षी निवास करते थे। वहाँ पर उन्होंने सीता को खोजना आरम्भ किया किन्तु बहुत खोजने पर भी जब कोई परिणाम नहीं निकला तो वे और आगे चले। इस वन को पार कर के मतंग मुनि के आश्रम ले पास जा पहुँचे। वय वन भी भयानक और हिंसक पशुओं से परिपूर्ण था। घूमते-घूमते वे ऐसी पर्वत कन्दरा पर पहुँचे तो पाताल की भाँति गहरी तथा सदा अन्धकार से आवर्त रहती थी।

उस विशाल कन्दरा के मुख पर एक अत्यन्त मलिन, लम्बे पेट वाली, बड़े-बड़े दाँतों और बिखरे केश वाली, मलिनमुखी विकराल राक्षसी बैठी हुई हड्डी चबा रही थी। राम लक्ष्मण को देख कर वह अट्टहास करती हुई दौड़ी और लक्ष्मण से लिपट कर बोली, "आओ हम दोनों रमण करें। मेरा नाम अयोमुखी है। तुम मुझे पतिरूप में मिले हो और मैं अब तुम्हारी भार्या हूँ।"

उसकी इस कुचेष्टा से क्रुद्ध हो कर लक्ष्मण ने अपनी म्यान से तलवार निकाली और उसके नाक, कान तथा स्तन काट डाले। उसके सारे शरीर पर रक्त की धाराएँ बहने लगीं और वह चीत्कार करती हुई वहाँ से भाग गई।

अयोमुखी के भाग जाने के पश्चात् दोनों भाई थोड़ी दूर गये थे कि वन में भयंकर आँधी चलने लगी। उन्हें एक भयंकर स्वर सुनाई दिया जिसकी गर्जना से सम्पूर्ण वनप्रान्त गूँज उठा। सावधान हो कर दोनों भाइयों ने तलवार निकाल कर उस दिशा में पग बढ़ाये जिधर से वह भयंकर गर्जना आ रही थी। कुछ ही दूर जाने पर उन्होंने गज के आकार वाले बिना गर्दन के कबन्ध (धड़मात्र) राक्षस को देखा। उसका न तो गर्दन था और न ही मस्तक। उसके पेट में ही उसका मुँह बना हुआ था और छाती में ललाट था जिसमें अंगारे के समान दहकती हुई एक ही आँख थी। वह दोनों मुट्ठियों में वन के जन्तुओं को पकड़े इनका मार्ग रोके खड़ा था। राम-लक्ष्मण को देखते ही उसने लपक कर दोनों को एक साथ ही बलपूर्वक तथा पीड़ा देते हुए पकड़ लिया और बोला, "बड़े भाग्य से आज ऐसा सुन्दर भोजन मिला है। तुम दोनों को खा कर मैं अपनी क्षुधा शान्त करूँगा।"

इस आकस्मिक आक्रमण से लक्ष्मण किंकर्तव्यविमूढ़ हो गये, परन्तु रामचन्द्र ने बड़ी फुर्ती से उस राक्षस की दाहिनी भुजा काट डाली। लक्ष्मण ने भी क्रोधित होकर उसकी बाँयी भुजा को काट दिया। वह चीत्कार करता हुआ पृथ्वी पर गिर पड़ा।

पृथ्वी पर गिर कर उसने पूछा, "वीरों! आप दोनों कौन हैं?"

उसके इस प्रकार पूछने पर लक्ष्मण ने उसे दोनों भाइयों का परिचय दिया।

उनका परिचय सुनकर कबन्ध ने राम से कहा, "महाबाहु राम! पूर्वकाल में मैं अत्यन्त पराक्रमी था किन्तु पराक्रमी होते हुए भी राक्षस रूप धारण कर ऋषियों को डराया करता था। एक बार क्रोधित होकर स्थूलशिरा नामक महर्षि ने मुझे राक्षस हो जाने का शाप दे दिया। शापमुक्ति के लिये मेरे द्वारा प्रार्थना करने पर उन्होंने बताया कि जब राम तुम्हारी भुजाओं को काट देगा तो तुम्हारी मुक्ति हो जायेगी। हे पुरुष श्रेष्ठ! आपने राक्षस योनि से मुझे मुक्ति दिला कर मेरा बड़ा उपकार किया है। अब आप मुझ पर इतनी कृपा और करना कि अपने हाथों से मेरा दाह-संस्कार कर देना।"

कबन्ध की प्रार्थना सुन कर राम बोले, "हे राक्षसराज! मैं तुम्हारी इच्छा अवश्य पूरी करूँगा। मैं तुमसे कुछ सूचना प्राप्त करना चाहता हूँ। आशा है अवश्य दोगे। दण्डक वन से मेरी अनुपस्थिति में लंकापति रावण मेरी पत्नी का अपहरण कर के ले गया है। मैं उसके बल, पराक्रम, स्थान आदि के विषय में तुमसे पूरी जानकारी चाहता हूँ। यदि जानते हो तो

बताओ।"

राम का प्रश्न सुन कर कबन्ध बोला, "हे रघुनन्दन! रावण बड़ा बलवान और शक्तिशाली नरेश है। उससे देव-दानव सभी भयभीत रहते हैं। उस पर विजय प्राप्त करने के लिये आपको नीति का सहारा लेना होगा। आप यहाँ से पम्पा सरोवर चले जाइये। वहाँ ऋष्यमूक पर्वत पर वानरों का राजा सुग्रीव अपने चार वीर वानरों के साथ निवास करता है। वह अत्यन्त वीर, पराक्रमी, तेजस्वी, बुद्धिमान, धीर और नीतिनिपुण है। उसके पास एक विशाल पराक्रमी सेना भी है जिसकी सहायता से आप रावण पर विजय प्राप्त कर सकते हैं। उसके ज्येष्ठ भ्राता बालि ने उसके राज्य और उसकी पत्नी का अपहरण कर लिया है। यदि आप उसे मित्र बना सकें तो आपका कार्य सिद्ध हो जायेगा। वह राक्षसों के सब स्थानों को जानता और उनकी मायावी चालों को भी समझता है। उसे भी इस समय एक सच्चे पराक्रमी मित्र की आवश्यकता है। आपका मित्र बन जाने पर वह अपने वानरों को भेज कर सीता की खोज करा देगा। साथ ही सीता को वापस दिलाने में भी आपकी सहायता करेगा।"

इतना कह कर कबन्ध ने अपने प्राण त्याग दिये। रामचन्द्र उसका अन्तिम संस्कार कर के लक्ष्मण सहित पम्पासर की ओर चले। पम्पासर के निकट उन्होंने एक सुन्दर सरोवर देखा जिसमें दोनों भाइयों ने स्नान किया।

- शबरी का आश्रम

तदन्तर दोनों भाई कबन्ध के बताये अनुसार सुग्रीव से मिलने के उद्देश्य से पम्पा नामक पुष्करिणी के पश्चिम तट पर पहुँचे। उन्होंने वहाँ शबरी के रमणीय आश्रम को देखा। शबरी सिद्ध तपस्विनी थी। उसने राम-लक्ष्मण का अपने आश्रम में पाद्य, अर्ध्य आदि से यथोचित सत्कार और पूजन किया।

रामचन्द्र ने शबरी से पूछा, "हे तपस्विनी! तुम्हारी तपस्या में किसी प्रकार की कोई विघ्न-बाधा तो नहीं पड़ती? कोई राक्षस आदि तुम्हें कष्ट तो नहीं देते?"

राम के स्नेहयुक्त शब्द सुन कर वृद्धा शबरी हाथ जोड़ कर बोली, "हे प्रभो! मेरे इस आश्रम में आपके पधारने से मेरी सम्पूर्ण तपस्या सफल हो गई। मेरे गुरुदेव तो उसी दिन बैकुण्ठवासी हो गये थे जिस दिन आप चित्रकूट में पधारे थे। अपने अन्तिम समय में उन्होंने ही आपके विषय में मुझे बताया था। उन्होंने कहा था कि मेरे आश्रम में आपके अतिथिरूप में आने के पश्चात आपके दर्शन करके मैं श्रेष्ठ एवं अक्षय लोकों में जा पाउँगी। हे पुरुषसिंह! मैंने आपके लिये पम्पातट पर उत्पन्न होने वाले नाना प्रकार के मीठे और स्वादिष्ट फलों का संचय किया है। कृपया इन्हें ग्रहण कर के मुझे कृतार्थ करें।"

राम के द्वारा शबरी से उनके गुरुजनों के विषय में पूछने पर शबरी ने बताया, "हे राम! यह सामने जो सघन वन दिखाई देता है, वह मतंग वन है। मेरे गुरुजनों ने एक बार यहाँ विशाल यज्ञ किया था। यद्यपि इस यज्ञ को हुये अनेक वर्ष हो गये हैं तथापि अभी तक

उस यज्ञ के सुगन्धित धुएँ से सम्पूर्ण वातावरण सुगन्धित हो रहा है। यज्ञ के पात्र अभी भी यथास्थान रखे हुये हैं। हे प्रभो! मैंने अपने जीवन की सभी धार्मिक मनोकामनाएँ पूरी कर ली हैं। केवल आपके दर्शनों की अभिलाषा शेष थी, वह आज पूरी हो गई। अतः आप मुझे अनुमति दें कि मैं इस नश्वर शरीर का परित्याग कर के उसी लोक में चली जाऊँ जिस लोक में मेरे गुरुजन गये हैं।"

शबरी की अदम्य आध्यात्मिक शक्ति को देख कर राम ने कहा, "हे परम तपस्विनी! तुम्हारी इच्छा अवश्य पूरी होगी। मैं प्रार्थना करता हूँ कि परमात्मा तुम्हारी मनोकामना पूरी करें।"

रामचन्द्र जी का आशीर्वाद पा कर शबरी ने समाधि लगाई और अपने प्राण विसर्जित कर दिये। इसके पश्चात् शबरी का अन्तिम संस्कार कर के दोनों भाई पम्पा सरोवर पहुँचे। निकट ही पम्पा नदी बह रही थी जिसके तट पर नाना प्रकार के वृक्ष पुष्पों एवं पल्लवों से शोभायमान हो रहे थे। उस स्थान की शोभा को देख कर राम अपना सारा शोक भूल गये। वे सुग्रीव से मिलने की इच्छा से पम्पा के किनारे-किनारे पुरी की ओर चलने लगे।

॥अरण्यकाण्ड समाप्त॥

2

किष्किन्धाकाण्ड रामायण

- पम्पासर में राम हनुमान भेंट

कमल, उत्पल तथा मत्स्यों से परिपूर्ण पम्पा सरोवर के पास पहुँचने पर वहाँ के रमणीय दृश्यों को देख कर राम को फिर सीता का स्मरण हो आया और वे पुनः विलाप करने लगे।

उन्होंने लक्ष्मण से कहा, "हे सौमित्र! इस पम्पा सरोवर का जल वैदूर्यमणि के समान स्वच्छ एव श्याम है। इसमें खिले हुये कमल पुष्प और क्रीड़ा करते हुये जल पक्षी कैसे सुशोभित हो रहे हैं! चैत्र माह ने वृक्षों को पल्लवित कर फूलों और फलों से समृद्ध कर दिया है। चारों ओर मनोहर सुगन्ध बिखर रही है। यदि आज सीता भी अपने साथ होती तो इस दृश्य को देख कर उसका हृदय कितना प्रफुल्लित होता। ऐसा प्रतीत होता है कि वसन्तरूपी अग्नि मुझे जलाकर भस्म कर देगी। हा सीते! तुम न जाने किस दशा में रो-रो कर अपना समय बिता रही होगी। मैं कितना अभागा हूँ कि तुम्हें अपने साथ वन में ले आया, परन्तु तुम्हारी रक्षा न कर सका। हा! पर्वत-शिखरों पर नृत्य करते हुये मोरों के साथ कामातुर हुई मोरनियाँ कैसा नृत्य कर रहीं हैं। हे लक्ष्मण! जिस स्थान पर सीता होगी, यदि वहाँ भी इसी प्रकार वसन्त खिला होगा तो वह उसके विरह-विदग्ध हृदय को कितनी पीड़ा पहुँचा रहा होगा। वह अवश्य ही मेरे वियोग में रो-रो कर अपने प्राण दे रही होगी। मैं जानता हूँ, वह मेरे बिना पानी से बाहर निकली हुई मछली की भाँति तड़प रही होगी। उसकी वही दशा हो रही होगी जो आज मेरी हो रही है, अपितु मुझसे अधिक ही होगी क्योंकि स्त्रियाँ पुरुषों से अधिक भावुक और कोमल होती हैं। यह सम्पूर्ण दृश्य इतना मनोरम है कि यदि सीता मेरे साथ होती तो इस स्थान को छोड़ कर मैं कभी अयोध्या न जाता। सदैव उसके साथ यहीं रमण करता। किन्तु यह तो मेरा स्वप्नमात्र है। आज तो यह अभागा प्यारी सीता के वियोग में वनों में मारा-मारा फिर रहा है। जिस सीता ने मेरे लिये महलों के सुखों का परित्याग किया, मैं उसीकी वन में रक्षा नहीं कर सका। मैं कैसे यह जीवन धारण करूँ? मैं अयोध्या जा कर किसी को क्या

बताउँगा? माता कौसल्या को क्या उत्तर दूँगा? मुझे कुछ सुझाई नहीं देता। मैं इस विपत्ति के पहाड़ के नीचे दबा जा रहा हूँ। मुझे इस विपत्ति से छुटकारे का कोई उपाय नहीं सूझ रहा है। मैं यहीं पम्पासर में डूब कर अपने प्राण दे दूँगा। भाई लक्ष्मण! तुम अभी अयोध्या लौट जाओ। मैं अब जनकनन्दिनी सीता के बिना जीवित नहीं रह सकता।"

बड़े भाई की यह दशा देख कर लक्ष्मण बोले, "हे पुरुषोत्तम राम! आप शोक न करें। हे तात रघुनन्दन! आप यदि रावण पाताल में या उससे भी अधिक दूर चला जाये तो भी वह अब किसी भी तरह से जीवित नहीं रह सकता। आप पहले उस पापी राक्षस का पता लगाइये। फिर वह सीता को वापस करेगा या अपने प्राणों से हाथ धो बैठेगा। आप तो अत्यन्त धैर्यवान पुरुष हैं। आपको ऐसी विपत्ति में सदैव धैर्य रखना चाहिये। हम लोग अपने धैर्य, उत्साह और पुरुषार्थ के बल पर ही रावण को परास्त कर के सीता को मुक्त करा सकेंगे। आप धैर्य धारण करें।"

लक्ष्मण के इस प्रकार से समझाने पर अत्यन्त सन्तप्त राम ने शोक और मोह का परित्याग कर के धैर्य धारण किया। वे पम्पा सरोवर को लाँघ कर आगे बढ़े।

चलते-चलते जब वे ऋष्यमूक पर्वत के निकट पहुँचे तो अपने साथियों के साथ उस पर्वत पर विचरण करने वाले बलवान वानरराज सुग्रीव ने इन दोनों तेजस्वी युवकों को देखा।

इन्हें देख कर सुग्रीव के मन में शंका हुई और उन्होंने अपने मन्त्रियों से कहा, "निश्चय ही वालि ने इन दोनों धनुर्धारी वीरों को छद्मवेश में भेजा है।"

भयभीत होकर सुग्रीव अपने मन्त्रियों के साथ ऋष्यमूक पर्वत के शिखर चले गये।

सुग्रीव को इस प्रकार चिन्तित देख कर वाक्पटु हनुमान बोले, "हे वानराधिपते! वालि तो शापवश यहाँ आ ही नहीं सकता, आप सहसा ऐसे चिन्तित क्यों हो रहे हैं?"

हनुमान के प्रश्न को सुन कर सुग्रीव बोले, "मुझे ऐसा प्रतीत होता है कि ये दोनों पुरुष वालि के भेजे हये गुप्तचर हैं और तपस्वियों का भेष धारण कर के हमारी खोज में आये हैं। हमें इनकी ओर से निश्चिन्त नहीं होना चाहिये। हनुमान! तुम वेष बदल कर इनके पास जाओ और इनका सम्पूर्ण भेद ज्ञात करो। यदि मेरा सन्देह ठीक हो तो शीघ्र इस विषय में कुछ करना।"

सुग्रीव का निर्देश पा कर हनुमान भिक्षु का भेष धारण कर राम-लक्ष्मण के पास पहुँचे। उन दोनों को प्रणाम करके वे अत्यन्त विनीत एवं मृदु वाणी में बोले, "हे वीरों! आप दोनों सत्यपराक्रमी एवं देवताओं के समान प्रभावशाली जान पड़ते हैं। आप लोग इस वन्य प्रदेश में किसलिये आये हैं? आपके अंगों की कान्ति सुवर्ण के समान प्रकाशित हो रही है। आपकी विशाल भुजाओं और वीर वेश को देख कर ऐसा प्रतीत होता है कि आप इन्द्र को भी परास्त करने की क्षमता रखते हैं, परन्तु फिर भी आपका मुखमण्डल कुम्हलाया हुआ है और आप ठण्डी साँसें भर रहे हैं। इसका क्या कारण है? कृपया आप अपना परिचय दीजिये। आप इस प्रकार मौन क्यों हैं? यहाँ पर्वत पर वानरश्रेष्ठ सुग्रीव रहते हैं। उनके भाई वालि ने उन्हें घर से निकाल दिया है। वानरशिरोमणि सुग्रीव आप दोनों से मित्रता करना चाहते हैं। उन्हीं की

आज्ञा से मैं आपका परिचय प्राप्त करने के लिये यहाँ आया हूँ। मैं वायुदेवता का पुत्र हूँ और मेरा नाम हनुमान है। मैं भी वानर जाति का हूँ। अब आप कृपया अपना परिचय दीजिये। मैं सुग्रीव का मन्त्री हूँ और इच्छानुकूल वेष बदलने की क्षमता रखता हूँ। मैंने आपको सब कुछ बता दिया है। आशा है आप भी अपना परिचय दे कर मुझे कृतार्थ करेंगे और वन में पधारने का कारण बतायेंगे।"

हनुमान की चतुराई भरी स्पष्ट बातों को सुन कर राम ने लक्ष्मण से कहा, "हे सौमित्र! इनकी बातों से मुझे पूर्ण विश्वास हो गया है कि ये महामनस्वी वानरराज सुग्रीव के सचिव हैं और उन्हीं के हित के लिये यहाँ आये हैं। इसलिये तुम निर्भय हो कर इन्हें सब कुछ बता दो।"

राम की आज्ञा पा कर लक्ष्मण हनुमान से बोले, "हे वानरश्रेष्ठ! सुग्रीव के गुणों से हम परिचित हो चुके हैं। हम उन्हें ही खोजते हुये यहाँ तक आये हैं। आप सुग्रीव के कथनानुसार जब मैत्री की बात चला रहे हैं वह हमें स्वीकार है। हम अयोध्यापति महाराज दशरथ के पुत्र हैं। ये श्री रामचन्द्र जी उनके ज्येष्ठ पुत्र और मैं इनका छोटा भाई लक्ष्मण हूँ। चौदह वर्ष का वनवास पाकर ये वन में रहने के लिये अपनी धर्मपत्नी सीता और मेरे साथ आये थे। रावण ने सीता जी का हरण कर लिया है। इसी विचार से कि सम्भवतः वे हमारी सहायता कर सकें, हम लोग महाराज सुग्रीव के पास आये हैं। हे वानरराज! जिस चक्रवर्ती सम्राट दशरथ के चरणों में सम्पूर्ण भूमण्डल के राजा-महाराजा सिर झुकाते थे और उनके शरणागत होते थे, उन्हीं महाराज के ज्येष्ठ पुत्र आज समय के फेर से सुग्रीव की शरण में आये हैं। ताकि महाराज सुग्रीव अपने दलबल सहित इनकी सहायता करें।"

इतना कहते हुये लक्ष्मण का कण्ठ अवरुद्ध हो गया।

लक्ष्मण के वचन सुन कर हनुमान बोले, "हे लक्ष्मण! आप लोगो के आगमन से आज हमारा देश पवित्र हुआ। हम लोग आपके दर्शनों से कृतार्थ हुये। जिस प्रकार आप लोग विपत्ति में हैं, उसी प्रकार सुग्रीव पर भी विपत्ति की घटाएँ छाई हुई हैं। वालि ने उनकी पत्नी का हरण कर लिया है तथा उन्हें राज्य से निकाल दिया है। इसीलिये वे इस पर्वत पर निर्जन स्थान में निवास करते हैं। फिर भी मैं आपको विश्वास दिलाता हूँ कि वे सब प्रकार से आपकी सहायता करेंगे।" इतना कह कर हनुमान बड़े आदर से रामचन्द्र और लक्ष्मण को सुग्रीव के पास ले गये।

• राम-सुग्रीव मैत्री

हनुमान अपने साथ राम और लक्ष्मण को लेकर किष्किन्धा पर्वत के मलय शिखर पर, जहाँ पर कि सुग्रीव अपने अन्य मन्त्रियों के साथ बैठे थे, ले गये। सुग्रीव से दोनों भाइयों का परिचय कराते हुये हनुमान ने कहा, "हे महाप्राज्ञ! अयोध्या के महाराज दशरथ के ज्येष्ठ पुत्र महापराक्रमी श्री रामचन्द्र जी अपने अनुज लक्ष्मण जी के साथ यहाँ पधारे हैं। इनके पंचवटी में निवासकाल में इनकी पत्नी सीता जी को लंका का राजा रावण चुरा ले गया। उन्हीं

की खोज के लिये ये आपकी सहायता चाहते हैं। ये आपसे मित्रता करने की इच्छा रखते हैं। आपको इनकी मित्रता स्वीकार कर इनका यथोचित सत्कार करना चाहिये क्योंकि ये बड़े गुणवान, पराक्रमी और धर्मात्मा हैं। ये दोनों हमारे लिये परम पूजनीय हैं।"

राम और लक्ष्मण का परिचय पाकर प्रसन्नचित्त सुग्रीव बोले, "हे प्रभो! आप धर्मज्ञ, परम तपस्वी और सब पर दया करने वाले हैं। आप नर होकर भी मुझ वानर से मित्रता कर रहे हैं यह मेरा परम सौभाग्य है। आपकी मित्रता से मुझे ही उत्तम लाभ होगा। मेरा हाथ आपकी मैत्री के लिये फैला हुआ है, आप इसे अपने हाथ में लेकर परस्पर मैत्री का अटूट सम्बन्ध बना दें।"

सुग्रीव के वचन सुन कर राम ने अत्यन्त प्रसन्न होकर सुग्रीव के हाथ को अपने हाथ में लिया फिर प्रेमपूर्वक सुग्रीव को छाती से लगा लिया।

हनुमान ने भिक्षुरूप त्याग कर अग्नि प्रज्वलित की। राम और सुग्रीव ने अग्नि की प्रदक्षिणा कर मैत्री की शपथ ली और दोनों एक दूसरे के मित्र बन गये।

इसके पश्चात् राम और सुग्रीव अपने-अपने आसनों पर बैठ कर परस्पर वार्तालाप करने लगे। सुग्रीव ने कहा, "हे राम! मेरे ज्येष्ठ भ्राता वालि ने मुझे घर से निकाल कर मेरी पत्नी का अपहरण कर लिया है और मेरा राज्य भी मुझसे छीन लिया है। वह अत्यधिक शक्तिशाली है। मैं उससे भयभीत हो कर ऋष्यमूक पर्वत के इस मलयगिरि प्रखण्ड में निवास कर रहा हूँ। आप अत्यन्त पराक्रमी और तेजस्वी हैं। आप मुझे अभय दान देकर वालि के भय से मुक्त करें।"

सुग्रीव के दीन वचन सुन कर राम बोले, "हे सुग्रीव! मित्र तो उपकाररूप फल देने वाला होता है, मैं अपने तीक्ष्ण बाणों से तुम्हारी पत्नी के हरण करने वाले वालि का वध कर दूँगा। अब तुम उसे मरा हुआ ही समझो।"

सुग्रीव ने प्रसन्नतापूर्वक कहा, "हे राम! मेरे मन्त्रियों में श्रेष्ठ सचिव हनुमान मुझे आपकी विपत्ति की सम्पूर्ण कथा बता चुके हैं। आपकी पत्नी सीता आकाश या पाताल में कहीं भी हो, मैं अवश्य उनका पता लगवाऊँगा। रावण तो क्या, इन्द्र आदि देवता भी सीता को मेरे वानरों की दृष्टि से छिपा कर नहीं रख सकते। राघव! कुछ ही दिनों पूर्व एक राक्षस एक स्त्री को लिये जा रहा था। उस समय हम इसी पर्वत पर बैठे थे। तब हमने उस स्त्री के मुख से 'हा राम! हा लक्ष्मण!' शब्द सुने थे। मेरा अनुमान है कि वह सीता ही थी। उसे मैं भली-भाँति देख नहीं पाया। हमें बैठे देख कर उसने कुछ वस्त्राभूषण नीचे फेंके थे। वे हमारे पास सुरक्षित रखे हैं। आप उन्हें पहचान कर देखिये, क्या वे सीता जी के ही है।"

यह कह कर सुग्रीव ने एक वानर को वस्त्राभूषणों को लाने की आज्ञा दी। उन वस्त्राभूषणों को देखते ही राम का धीरज जाता रहा। वे नेत्रों से अश्रु बहाते हुये शोकविह्वल हो गये और धैर्य छोड़ कर पृथ्वी पर गिर पड़े।

चेतना लौटने पर वे लक्ष्मण से बोले, "हे लक्ष्मण! सीता के इन आभूषणों को पहचानो। राक्षस के द्वारा हरे जाने पर सीता ने इन आभूषणों पृथ्वी पर गिरा दिया होगा।"

लक्ष्मण ने कहा, "भैया! इन आभूषणों में से न तो मैं हाथों के कंकणों को पहचानता हूँ, न गले के हार को और न ही मस्तक के किसी अन्य आभूषणों को पहचानता हूँ। क्योंकि मैंने आज तक सीता जी के हाथों और मुख की ओर कभी दृष्टि नहीं डाली। हाँ, उनके चरणों की नित्य वन्दना करता रहा हूँ इसलिये इन नूपुरों को अवश्य पहचानता हूँ, ये वास्तव में उन्हीं के हैं।"

राम-सुग्रीव वार्तालाप

राम ने सुग्रीव से कहा, "हे सुग्रीव! मुझे बताओ कि वह भयंकर रूपधारी राक्षस मेरी प्राणेश्वरी सीता को लेकर किस दिशा में गया है? तुम शीघ्र पता लगाओ कि वह राक्षस कहाँ रहता है? वानरराज! धोखे में डालकर और मेरा अपमान करके मेरी प्रियतमा को अपहरण करने वाला वह निशाचर मेरा घोर शत्रु है। मैं आज ही उसका वध कर के सीता को मुक्त कराउँगा।"

राम के शोक से पीड़ित वचन को सुन कर सुग्रीव ने उन्हें आश्वासन दिया, "हे राम! मैं नीचकुल में उत्पन्न उस पापात्मा राक्षस की शक्ति और गुप्त स्थान से परिचित नहीं हूँ किन्तु मैं आपको विश्वास दिलाता हूँ कि मैं शीघ्र ही ऐसा यत्न करूँगा कि मिथिलेशकुमारी सीता आपको मिल जायें। अतः आप धैर्य धारण करें। इस प्रकार से व्याकुल होना व्यर्थ है। व्याकुल होने पर मनुष्य की बुद्धि गम्भीर नहीं रह पाती। आपको इस प्रकार से अधीर होना शोभा नहीं देता। मुझे भी पत्नी के विरह का महान कष्ट प्राप्त हुआ है तथापि मैं पत्नी के लिये निरन्तर शोक नहीं करता। जब मैं वानर होकर धैर्य धारण कर सकता हूँ तो आप तो नर हैं, महात्मा हैं, सुशिक्षित हैं, आप मुझसे भी अधिक धैर्य धारण कर सकते हैं। मैं आपको उपदेश नहीं दे रहा हूँ, सिर्फ मित्रता के नाते आपके हित में सलाह दे रहा हूँ।"

सुग्रीव की बात सुन कर राम नेत्रों से अश्रु पोंछ कर बोले, "हे वानरेश! तुमने वही किया है जो एक स्नेही और हितैषी मित्र को करना चाहिये। तुम्हारा कार्य सर्वथा उचित है। सखे! तुम्हारे इस आश्वासन ने मेरी चिन्ता को दूर करके मुझे स्वस्थ बना दिया है। तुम जैसे स्नेही मित्र बहुत कम मिलते हैं। तुम सीता का पता लगाने में मेरी सहायता करो और मैं तुम्हारे सामने ही दुष्ट वालि का वध करूँगा। उसके विषय में तुम मुझे सारी बातें बताओ। विश्वास करो, वालि मेरे हाथों से नहीं बच सकता।"

राम की प्रतिज्ञा से सन्तुष्ट हो कर सुग्रीव बोले, "हे रघुकुलमणि! वालि ने मेरा राज्य और मेरी प्यारी पत्नी मुझसे छीन ली है। अब वह दिन रात मुझे मारने का उपाय सोचा करता है। उसके भय के कारण ही मैं इस पर्वत पर निवास करता हूँ। उससे ही भयभीत होकर मेरे सब साथी एक एक-करके मेरा साथ छोड़ गये हैं। अब ये केवल चार मित्र मेरे साथ रह गये हैं। वालि अत्यन्त बलवान है। उसके भय से मेरे प्राण सूख रहे हैं। वह इतना बलवान है कि उसने दुंदुभि नामक बलिष्ठ राक्षस को देखते देखते मार डाला। जब वह साल के वृक्ष को अपनी भुजाओं में भर कर झकझोरता है तो उसके सारे पत्ते झड़ जाते हैं। उसके असाधारण बल को देख कर मुझे संशय होता है कि आप उसे मार पायेंगे।"

सुग्रीव की आशंका को सुन कर लक्ष्मण ने मुस्कुराते हुये कहा, "हे सुग्रीव! तुम्हें इस बात का विश्वास कैसे होगा कि श्री रामचन्द्र जी वालि को मार सकेंगे?"

यह सुन कर सुग्रीव बोला, " सामने जो साल के सात वृक्ष खड़े हैं उन सातों को एक-एक करके वालि ने बींधा है, यदि राम इनमें से एक को भी बींध दें तो मुझे आशा बँध जायेगी। ऐसी बात नहीं है कि मुझे राम की शक्ति पर पूर्ण विश्वास नहीं है किन्तु मैं केवल वालि से भयभीत होने के कारण ही ऐसा कह रहा हूँ।"

सुग्रीव के ऐसा कहने पर राम ने धनुष पर प्रत्यंचा चढ़ाई और बाण छोड़ दिया, जिसने भीषण टंकार करते हुये एक साथ सातों साल वृक्षों को और पर्वत शिखर को भी बींध डाला।

राम के इस पराक्रम को देख कर सुग्रीव विस्मित रह गया और उनकी भूरि-भूरि प्रशंसा करते हुए बोला, "प्रभो! वालि को मार कर आप मुझे अवश्य ही निश्चिन्त कर दे।"

• वालि-वध

तदन्तर वे सब लोग वालि की राजधानी किष्किन्धापुरी में गये। वहाँ पहुँच कर राम एक गहन वन में ठहर गये और सुग्रीव से कहा, "तुम वालि को युद्ध के लिये ललकारो और निर्भय हो कर युद्ध करो।"

राम के वचनों से उत्साहित हो कर सुग्रीव ने वालि को युद्ध करने के लिये ललकारा। सुग्रीव के इस सिंहनाद को सुन कर वालि को अत्यन्त क्रोध आया। क्रोधित वालि आँधी के वेग से बाहर आया और सुग्रीव पर टूट पड़ा। वालि और सुग्रीव में भयंकर युद्ध छिड़ गया। उन्मत्त हुये दोनों भाई एक दूसरे पर घूंसों और लातों से प्रहार करने लगे। श्री रामचन्द्र जी ने वालि को मारने कि लिये अपना धनुष सँभाला परन्तु दोनों का आकार एवं आकृति एक समान होने के कारण वे सुग्रीव और वालि में भेद न कर सके। इसलिये उन्होंने बाण छोड़ना स्थगित कर दिया। वालि की मार न सह सकने के कारण सुग्रीव ऋष्यमूक पर्वत की ओर भागा। राम लक्ष्मण तथा अन्य वानरों के साथ सुग्रीव के पास पहुँचे। राम को सम्मुख पा कर उसने उलाहना देते हुये कहा, "मुझे युद्ध के लिये भेज कर आप पिटने का तमाशा देखते रहे। बताइये आपने ऐसा क्यों किया? यदि आपको मेरी सहायता नहीं करनी थी तो मुझसे पहले ही स्पष्ट कह देना चाहिये था कि मैं वालि को नहीं मारूँगा, मैं उसके पास जाता ही नहीं।"

सुग्रीव के क्रुद्ध शब्द सुन कर रामचन्द्र ने बड़ी नम्रता से कहा, "सुग्रीव! क्रोध त्यागो और मेरी बात सुनो। तुम दोनों भाई रंग-रूप, आकार, गति और आकृतियों में एक समान हो अतः मैं तुम दोनों में अन्तर नहीं कर सका और मैंने बाण नहीं छोड़ा। यदि मेरा बाण वालि को लगने के स्थान पर तुम्हें लग जाता तो मैं जीवन भर किसी को मुख दिखाने लायक नहीं रहता। वानरेश्वर! अपनी पहचान के लिये तुम कोई चिह्न धारण कर लो जिससे मैं तुम्हें पहचान लूँ और फिर से युद्ध के लिये जाओ।"

इतना कहकर वे लक्ष्मण से बोले, "हे लक्ष्मण! यह उत्तम लक्षणों से युक्त गजपुष्पी लता फूल रहे है। इसे उखाड़ कर महामना सुग्रीव के गले में पहना दो।"

लक्ष्मण ने वैसा ही किया और सुग्रीव फिर से युद्ध करने चला।

इस बार सुग्रीव ने दूने उत्साह से सिंहनाद करते हुये घोर गर्जना की जिसे सुन कर वालि आँधी के वेग से बाहर की ओर दौड़ने को उद्यत हुआ। किन्तु उसकी पत्नी तारा ने भयभीत होकर वालि को रोकते हुये कहा, "हे वीरश्रेष्ठ! अभी आप का युद्ध के लिये जाना श्रेयस्कर नहीं है। सुग्रीव एक बार मार खा कर भाग जाने के पश्चात् फिर युद्ध करने के लिये लौटा है। इससे मेरे मन में शंका उत्पन्न हो रही है। ऐसा प्रतीत होता है कि उसे कोई प्रबल सहायक मिल गया है और वह ऊसीके बल पर आपको ललकार रहा है। मुझे कुमार अंगद से सूचना मिल चुकी है कि अयोध्या के अजेय राजकुमारों राम और लक्ष्मण के साथ उसकी मैत्री हो गई है। सम्भव है वे ही उसकी सहायता कर रहे हों। राम के पराक्रम के विषय में तो मैंने भी सुना है। वे शत्रुओं को देखते-देखते धराशायी कर देते हैं। यदि वे स्वयं सुग्रीव की सहायता कर रहे हैं तो उनसे लड़ कर आपका जीवित रहना कठिन है। इसलिये उचित यही है कि इस अवसर पर आप बैर छोड़ कर सुग्रीव से मित्रता कर लीजिये। उसे युवराज पद दे दीजिये। वह आपका छोटा भाई है और इस संसार में भाई के समान हितू कोई दूसरा नहीं होता। उससे इस समय मैत्री करने में ही आपका कल्याण है।"

तारा के इस प्रकार समझाने वालि ने कहा, "वरानने! मैं सुग्रीव की ललकार को सुन कर कायरों की भाँति घर में छिप कर नहीं बैठ सकता और न ललकारने वाले से भयभीत हो कर उसके सम्मुख मैत्री का हाथ ही बढ़ा सकता हूँ। श्री रामचन्द्र जी के विषय में मैं भी जानता हूँ। वे धर्मात्मा हैं और कर्तव्याकर्तव्य को समझने वाले हैं। वे पापकर्म नहीं कर सकते। तुमने मेरे प्रति अपने स्नेह एवं भक्ति का प्रदर्शन कर दिया। अब मुझे मत रोको। मैं सुग्रीव का सामना अवश्य करूँगा और उसके घमण्ड को चूर चूर कर डालूँगा। युद्ध में मैं उससे विजय प्राप्त करूँगा मगर उसके प्राण नहीं लूँगा।"

यह कह कर वालि सुग्रीव के पास पहुँच कर उससे युद्ध करने लगा। दोनों एक दूसरे पर घूंसों और लातों से प्रहार करने लगे। जब राम ने देखा कि सुग्रीव की शक्ति क्षीण होते जा रही है तो उन्होंने एक विषधर सर्प की भाँति बाण को धनुष पर चढ़ा कर वालि को लक्ष्य करके छोड़ दिया। टंकारध्वनि के साथ वह बाण वालि के वक्ष में जाकर लगा जिससे वह बेसुध हो कर पृथ्वी पर गिर पड़ा।

• वालि-राम संवाद

वालि को पृथ्वी पर गिरते देख राम और लक्ष्मण उसके पास जा कर खड़े हो गये। जब वालि की चेतना लौटी और उसने दोनों भाइयों को अपने सम्मुख खड़े देखा तो वह कठोर शब्दों में बोला, "हे रघुनन्दन! आपने छिप कर जो मुझ पर आक्रमण किया, उससे आपने

कौन सा गुण प्राप्त कर लिया? किस महान यश का उपार्जन कर लिया? यद्यपि तारा ने सुग्रीव की और आपकी मैत्री के विषय में मुझे बताया था, परन्तु मैंने आपकी वीरता, शौर्य, पराक्रम, धर्मपरायणता, न्यायशीलता आदि गुणों को ध्यान में रखते हुये उसकी बात नहीं मानी थी और कहा था कि न्यायशील राम कभी अन्याय नहीं करेंगे। आज मुझे ज्ञात हुआ कि आपकी मति मारी गई है। आप दिखावे के लिये धर्म का चोला पहने हुए हैं, वास्तव में आप अधर्मी हैं। आप साधु पुरुष के वेष में एक पापी हैं। मेरा तो आपके साथ कोई बैर भी नहीं है। फिर आपने यह क्षत्रियों को लजाने वाला कार्य क्यों किया? आप नरेश हैं। राजा के गुण साम, दाम, दण्ड, भेद, दान, क्षमा, सत्य, धैर्य और विक्रम होते हैं। कोई राजा किसी निरपराध को दण्ड नहीं देता। फिर आपने मेरा वध क्यों किया है? हे राजकुमार! यदि आपने मेरे समक्ष आकर मुझसे युद्ध किया होता तो आप अवश्य ही मेरे हाथों मारे गये होते। जिस उद्देश्य के लिये आप सुग्रीव की सहायता कर रहे हैं उसी उद्देश्य को यदि आपने मुझसे कहा होता तो मैं एक ही दिन में मिथिलेश कुमारी को ढूँढ कर आपके पास ला देता। आपकी पत्नी का अपहरण करने वाले दुरात्मा राक्षस रावण के गले में रस्सी बाँध कर आपके समक्ष प्रस्तुत कर देता। आपने अधर्मपूर्वक मेरा वध क्यों किया?"

वालि के कठोर वचनों को सुन कर रामचन्द्र ने कहा, "वानर! धर्म, अर्थ, काम और लौकिक सदाचार के विषय तुम्हें ज्ञान ही नहीं है। तुम अपने वानरोचित चपलतावश तुम व्यर्थ ही मुझ पर क्रोधित हो रहे हो। मैंने तुम्हारा वध अकारण या व्यक्तिगत बैरभाव के कारण से नहीं किया है। सौम्य! पर्वतों, वनों और काननों से युक्त सम्पूर्ण भू-मण्डल इक्ष्वाकु वंश के राजाओं की है। इस समय धर्मात्मा राजा भरत इस पृथ्वी का पालन कर रहे हैं। उनकी आज्ञा से हम सम्पूर्ण पृथ्वी में विचरण करते हुए धर्म के प्रचार के लिये साधुओं की रक्षा तथा दुष्टों का दमन कर रहे हैं। तुमने अपने जीवन में काम को ही प्रधानता दिया और राजोचित मार्ग पर स्थिर नहीं रहे। छोटा भाई, पुत्र और शिष्य तीनों पुत्र-तुल्य होते हैं। तुमने इस धर्माचरण को त्याग कर अपने छोटे भाई सुग्रीव की पत्नी रुमा का हरण किया जो धर्मानुसार तुम्हारी पुत्रवधू हुई। उत्तम कुल में उत्पन्न क्षत्रिय और राजा का प्रतिनिधि होने के कारण तुम्हारे इस महापाप का दण्ड देना मेरा कर्तव्य था। जो पुरुष अपनी कन्या, बहन अथवा अनुजवधू के पास कामबुद्धि से जाता है, उसका वध करना ही उसके लिये उपयुक्त दण्ड माना गया है। इसीलिये मैंने तुम्हारा वध किया। वानरश्रेष्ठ! अपने इस कार्य के लिये मेरे मन में किसी प्रकार संताप नहीं है। मैंने तुम्हें तुम्हारे पिछले पापों का दण्ड दे कर आगे के लिये तुम्हें निष्पाप कर दिया है। अब तुम निष्पाप हो कर स्वर्ग जाओगे।"

राम का तर्क सुन वालि ने हाथ जोड़कर कहा, "हे राघव! आपका कथन सत्य है। मुझे अपनी मृत्यु पर दुःख नहीं है। मेरा पुत्र अंगद मुझे अत्यन्त प्रिय है और मुझे केवल उसी की चिन्ता है। वह अभी बालक है। उसकी बुद्धि अभी परिपक्व नहीं हुई है। उसे मैं आपकी शरण में सौंपता हूँ। आप इसे सुग्रीव की भाँति ही अभय दें, यही आपसे मेरी प्रार्थना है।"

इतना कह कर वालि चुप हो गया और उसके प्राण पखेरू उड़ गये।

- *तारा का विलाप*

जब तारा को वालि की मृत्यु का समाचार मिला तो वह अत्यन्त उद्विग्न हो गई और रोती हुई उस स्थान पर आई जहाँ वालि का शव पड़ा था। तारा और अंगद वालि के शव से लिपट कर बिलख-बिलख कर रोने लगे। उन दोनों दोनों को इस प्रकार रोते देख सुग्रीव को अत्यन्त दुःख हुआ। उसके नेत्रों से अश्रु बहने लगे।

तारा वालि से लिपट कर विलाप कर रही थी, "हे आर्यपुत्र! आप जैसे पराक्रमी वीर की राम ने छिप कर हत्या कर के अत्यन्त निंदनीय कर्म किया है। हे नाथ! आप मौन हो कर क्यों पड़े हैं? आप अपने पुत्र अंगद को किसके सहारे छोड़ गये? देखिये वह किस प्रकार से बिलख-बिलख कर रो रहा है। हे आर्यपुत्र! आज आप ऐसे निर्मोही कैसे हो गये? हे स्वामी! आप मुझे और अंगद को किसके भरोसे छोड़े जा रहे हैं? सुग्रीव! आज तुम्हारा मनोरथ सफल हो गया। अब आनन्द से राज्य का सुख भोगो। आज मेरे पास पुत्र, ऐश्वर्य सब कुछ होते हुये भी मैं विधवा के नाम से पुकारी जाकर संसार में तिरस्कृत जीवन व्यतीत करूँगी। पुत्र अंगद! अपने धर्मप्रेमी पिता का अन्तिम दर्शन कर लो। यमलोक को जाते हुये अपने पिता का हाथ जोड़ कर अभिवादन करो। देखो स्वामी! आपका पुत्र हाथ जोड़ कर आपके सामने खड़ा है। उसे आशीर्वाद क्यों नहीं देते? आज आपने इस युद्धरूपी यज्ञ में मेरे बिना कैसे भाग लिया। बिना अर्द्धांगिनी के तो कोई यज्ञ पूरा नहीं होता।"

इस प्रकार तारा नाना प्रकार से से विलाप करने लगी। वालि के वानर सरदारों ने बड़ी कठिनाई से उसे शव से अलग किया।

धनुष धारण किये राम को देख कर तारा उनके पास आकर बोली, "हे अमलकमलदललोचन राम! आप वीर, तेजस्वी, धर्मात्मा और महान दानवीर हैं। मैं आपसे एक दान माँगती हूँ। जिस बाण से आपने मेरे पति के प्राण लिये हैं उसी बाण से मेरे प्राण भी हर लीजिये ताकि मैं मर कर अपने पति के पास पहुँच जाऊँ। मेरे पतिदेव स्वर्ग में मेरी प्रतीक्षा कर रहे होंगे।"

तारा के मर्मस्पर्शी शब्दों को सुन कर रामचन्द्र बोले, "तारा! तेरा इस प्रकार शोक और विलाप करना व्यर्थ है। सारा संसार परमात्मा के द्वारा बनाये गये विधान के अनुसार चलता है। विधाता की ऐसी ही इच्छा थी, यह सोच कर तुम धैर्य धारण करो। अंगद की कोई चिन्ता मत करो। वह आज से इस राज्य का युवराज होगा। तुम्हारा पति वीर था, वह युद्ध करते हुये वीरगति को प्राप्त हुआ है; यह तुम्हारे लिये गौरव की बात है। शोक तज कर रोना बन्द करो। रोने से दिवंगत आत्मा को कष्ट पहुँचता है।"

इस प्रकार राम ने तारा को अनेक प्रकार से धैर्य बँधाया। फिर वे सुग्रीव से बोले, "हे वीर! तारा और अंगद को साथ ले जा कर अब तुम वालि के अन्तिम संस्कार की तैयारी करो। अंगद! तुम इस संस्कार के लिये घृत, चन्दन आदि ले आओ। और हे तारा! तुम भी शोक को त्याग कर वालि के लिये अर्थी की तैयारी कराओ।"

इस प्रकार रामचन्द्र जी ने सब से कह सुन कर वालि के अन्तिम संस्कार की तैयारी करवाई।

वालि की शवयात्रा में बड़े-बड़े योद्धा और किष्किन्धा निवासी रोते कलपते श्मशान घाट पहुँचे। स्त्रियों के करुणाजनक विलाप से सम्पूर्ण वातावरण शोकाकुल प्रतीत हो रही थी। नदी के तट पर जब चिता बना कर वालि का शव उस पर रखा गया तो सम्पूर्ण वातावरण एक बार फिर करुण चीत्कार से गूँज उठा। तारा पुनः वालि के शव से लिपट गई। वह चिता पर ही उससे लिपट कर विलाप किये जा रही थी। बड़ी कठिनाई से उसे को वालि के शव से पृथक किया गया। अन्त में अंगद ने चिता को अग्नि दी। जब वालि का शरीर पंचतत्व में विलीन हो गया तो श्री रामचन्द्र जी ने लक्ष्मण, सुग्रीव, अंगद एवं अन्य प्रमुख वानरों के साथ मिल कर उसके लिये जलांजलि दी।

• सुग्रीव का अभिषेक

वालि के अन्तिम संस्कार से निवृत हो जाने के पश्चात् हनुमान ने हाथ जोड़कर श्री रामचन्द्र जी से निवेदन किया, "हे ककुत्स्थनन्दन! वानरराज सुग्रीव को आपकी कृपा से उनके पूर्वजों का राज्य पुनः प्राप्त हो गया है। यह अत्यन्त कठिन कार्य था जो कि आपके प्रसाद स्वरूप ही सम्पन्न हो पाया है। अब आप कृपा कर के उनका राजतिलक कर अंगद को युवराज पर प्रदान करें।"

हनुमान की प्रार्थना सुन कर राम बोले, "हनुमन्! सौम्य! मैं पिता की आज्ञा का पालन करते हुये वन में निवास कर रहा हूँ अतः चौदह वर्ष की अवधि पूर्ण होने के पूर्व किसी नगर अथवा ग्राम में जाना मेरे लिये उचित नहीं है। अतएव तुम लोग सुग्रीव के साथ नगर में जा कर राज्याभिषेक की प्रक्रिया पूर्ण करो।"

फिर राम ने सुग्रीव से कहा, "हे मित्र! तुम लौकिक और शास्त्रीय व्यवहार के के ज्ञाता हो, नीतिवान और लोकव्यवहार कुशल हो, इसलिये अपने भतीजे अंगद को युवराज का पद प्रदान करो। वह तुम्हारे ज्येष्ठ भ्राता का पुत्र ही नहीं है, पराक्रमी और वीर भी है। कुछ दिन तुम लोग राज्य में रह कर शासन व्यवस्था को सुव्यवस्थित करो और प्रजा की भलाई में मन लगाओ। श्रावण का महीना आ गया है और वर्षा की ऋतु का आरम्भ हो चुका है। अतः चार मास तक सीता की खोज सम्भव नहीं है। वर्षा की समाप्ति पर जानकी की खोज कराना। मैं इस अवधि में लक्ष्मण सहित इसी पर्वत पर निवास करूँगा।"

राम से विदा हो कर सुग्रीव किष्किन्धा जा कर किष्किन्धापुरी की शासन व्यवस्था में व्यस्त हो गये।

इस अन्तराल में राम लक्ष्मण के साथ प्रस्रवण पर्वत पर निवास करने लगे। एक सुरक्षित कन्दरा को कुटिया का रूप दे कर वे लक्ष्मण से बोले, "हे भाई! हम वर्षा ऋतु यहीं व्यतीत करेंगे। वृक्षादि से सुशोभित यह पर्वत अत्यन्त रमणीक है। इस गुफा के निकट ही सरिता

के प्रवाहित होने के कारण यह स्थान हमारे लिये और भी सुविधाजनक रहेगा। यहाँ से किष्किन्धा भी अधिक दूर नहीं है, किन्तु इस शान्तिप्रद वातावरण में भी जानकी का वियोग मुझे दुःखी कर रहा है। उसके बिना मेरे हृदय में भयंकर पीड़ा होती है।"

इतना कह कर वे शोक में डूब गये।

अपने अग्रज को शोकातुर देख कर लक्ष्मण बोले, "हे वीर! इस प्रकार व्यथित होने से कोई लाभ नहीं है। शोक से तो उत्साह नष्ट होता है। और उत्साहहीन हो जाने पर रावण से हम कैसे प्रतिशोध ले सकेंगे? इसलिये आप धैर्य धारण कीजिये। हम रावण को मार कर भाभी को अवश्य मुक्त करायेंगे। केवल कुछ दिनों की बात और है।"

लक्ष्मण के वचनों से राम ने अपने हृदय को स्थिर किया और वे प्रकृति की शोभा निहारने लगे। थोड़ी देर तक वे वर्षाकालीन प्राकृतिक दृश्यों का अवलोकन करते रहे। फिर लक्ष्मण से बोले, "हे लक्ष्मण! देखो इस वर्षा ऋतु में प्रकृति कितनी सुन्दर प्रतीत होती है। ये दीर्घाकार मेघ पर्वतों का रूप धारण किये आकाश में दौड़ रहे हैं। इस वर्षा ऋतु में ये मेघ अमृत की वर्षा करेंगे। उस अमृत से भूतलवासियों का कल्याण करने वाली नाना प्रकार की औषधियाँ, वनस्पति, अन्न आदि उत्पन्न होंगे। इधर इन बादलों को देखो, एक के ऊपर एक खड़े हुये ये ऐसे प्रतीत होते हैं मानो प्रकृति ने सूर्य तक पहुँचने के लिये इन कृष्ण-श्वेत सीढ़ियों का निर्माण किया है। शीतल, मंद, सुगन्धित समीर हृदय को किस प्रकार प्रफुल्लित करने का प्रयत्न कर रही हैं, किन्तु विरहीजनों के लिये यह अत्यधिक दुःखदायी भी है। उधर पर्वत पर से जो जलधारा बह रही है, उसे देख कर मुझे ऐसा आभास होता है कि सीता भी मेरे वियोग में इसी प्रकार अश्रुधारा बहा रही होगी। इन पर्वतों को देखो, इन्हें देखकर लगता है जैसे ब्रह्मचारी बैठे हों। ये काले-काले बादल इनकी मृगछालाएँ हों। नद-नाले इनके यज्ञोपववीत हों और बादलों की गम्भीर गर्जना वेदमंत्रों का पाठ हो। कभी कभी ऐसा प्रतीत होता है कि ये बादल गरज नहीं रहे हैं अपितु बिजली के कोड़ों से प्रताड़ित हो कर पीड़ा से कराहते हुये आर्तनाद कर रहे हैं। काले बादलों में चमकती हुई बिजली ऐसी प्रतीत हो रही है मानो राक्षसराज रावण की गोद में मूर्छित पड़ी जानकी हो। हे लक्ष्मण! जब भी मैं वर्षा के दृश्यों को देख कर अपने मन को बहलाने की चेष्टा करता हूँ तभी मुझे सीता का स्मरण हो आता है। यह देखो, काले मेघों ने दसों दिशाओं को अपनी काली चादर से इस प्रकार आवृत कर लिया है जैसे मेरे हृदय की समस्त भावनाओं को जानकी के वियोग ने आच्छादित कर लिया है।

"इस वर्षा ऋतु में राजा लोग अपने शत्रु पर आक्रमण नहीं करते, गृहस्थ लोग घर से परदेस नहीं जाते। घर उनके लिये अत्यन्त प्रिय हो जाता है। राजहंस भीमानसरोवर की ओर चल पड़ते हैं। चकवे अपनी प्रिय चकवियों के साथ मिलने को आतुर हो जाते हैं और उनसे मिल कर अपूर्व प्राप्त करते हैं। किन्तु मैं एक ऐसा अभागा हूँ जिसकी चकवी रूपी सीता अपने चकवे से दूर है। मोर अपनी प्रियाओं के साथ नृत्य कर रहे हैं। ऐसा प्रतीत होता है कि बगुलों की पंक्तियों से शोभायमान, जल से भरे, श्यामवर्ण मेघ मानो किसी लम्बी यात्रा पर जा रहे हैं। वे पर्वतों के शिखरों पर विश्राम करते हुये चल रहे हैं। पृथ्वी पर नई-नई घास

उग आई है और उस पर बिखरी हुई लाल-लाल बीरबहूटियाँ ऐसी प्रतीत होती हैं मानो कोई नवयौवना कामिनी हरे परिधान पर लाल बूटे वाली बेल लगाये लेटी हो। सारी पृथ्वी इस वर्षा के कारण हरीतिमामय हो रही है। सरिताएँ कलकल नाद करती हुई बह रही हैं। वानर वृक्षों पर अठखेलियाँ कर रहे हैं। इस सुखद वातावरण में केवल विरहीजन अपनी प्रियाओं के वियोग में तड़प रहे हैं। उन्हें इस वर्षा की सुखद फुहार में भी शान्ति नहीं मिलती। देखो, ये पक्षी कैसे प्रसन्न होकर वर्षा की मंद-मंद फुहारों में स्नान कर रहे हैं। उधर वह पक्षी पत्तों में अटकी हुई वर्षा की बूँद को चाट रहा है। सूखी मिट्टी में सोये हुये मेंढक मेघों की गर्जना से जाग कर ऊपर आ गये हैं और टर्र-टर्र की गर्जना करते हुये बादलों की गर्जना से स्पर्द्धा करने लगे हैं। जल की वेगवती धाराओं से निर्मल पर्वत-शिखरों से पृथ्वी की ओर दौड़ती हुई सरिताओं की पंक्तियाँ इस प्रकार बिखर कर बह रही हैं जैसे किसी के धवल कण्ठ से मोतियों की माला टूट कर बिखर रही हो। लो, अब पक्षी घोंसलों में छिपने लगे हैं, कमल सकुचाने लगे हैं और मालती खिलने लगी है, इससे प्रतीत होता है कि अब शीघ्र ही पृथ्वी पर सन्ध्या की लालिमा बिखर जायेगी।"

फिर राम निःश्वास छोड़ कर बोले, "वालि के मरने से सुग्रीव ने अपना राज्य पा लिया। अब वह अपनी बिछुड़ी हुई पत्नी को पुनः पाकर इस वर्षा का आनन्द उठा रहा होगा। पता नहीं, मैं अपनी बिछुड़ी हुई सीता के कब दर्शन करूँगा। अब तो श्रावण मास का अन्त हो चला है। शीघ्र ही शरद ऋतु का प्रारम्भ होगा। दुर्गम मार्ग फिर आवागमन के लिये खुल जायेंगे। मुझे विश्वास है, शरद ऋतु आते ही सुग्रीव अपने गुप्तचरों से अवश्य सीता की खोज करायेगा।"

इतना कह कर राम गम्भीर कल्पना सागर में गोते लगाने लगे।

- हनुमान-सुग्रीव संवाद

पवनकुमार हनुमान शास्त्र-विद्, नीतिज्ञ और सूझबूझ वाले मनीषी थे। कब क्या करना चाहिये और क्या नहीं जैसी बातों का उन्हें यथार्थ ज्ञान था। बातचीत करने की कला में वे निपुण थे। उन्होंने देखा, आकाश निर्मल हो गया है, अब न तो बादल ही दिखाई पड़ते हैं और न ही बिजली चमकती है; वर्षा ऋतु समाप्त हो गई है। वे सुग्रीव के विषय में विचार करने लगे। उन्हें स्पष्ट प्रतीत हुआ कि मनोरथ सिद्ध हो जाने के पश्चात् सुग्रीव अपने कर्तव्य की अवहेलना कर के विलासिता में मग्न रहने लगे हैं। उनकी पत्नी रुमा के साथ ही साथ अब तारा भी उनके विलास लीला का एक महत्वपूर्ण अंग बन गई है। राजकाज का भार केवल मन्त्रियों के भरोसे छोड़ कर वे स्वयं स्वेच्छाचारी होते जा रहे हैं। श्री रामचन्द्र जी को दिये गये अपने वचन का उन्हें स्मरण भी नहीं रह गया है।

इस प्रकार से सभी तरह से विचार करके हनुमान सुग्रीव के पास जा कर बोले, "हे राजन्! आपको राज्य और यश दोनों की ही प्राप्ति हो चुकी है। आपने कुल परम्परा से प्राप्त लक्ष्मी

का भी विस्तार कर लिया है। अब आपको मित्रों को अपनाने के को भी पूरा कर डालना चाहिये। आपने मित्र के कार्य को सफल बनाने के लिये जो प्रतिज्ञा की है, उसे पूरा करना चाहिये। आप तो जानते ही हैं कि श्री राम हमारे परम मित्र और हितैषी हैं। उनके कार्य का समय बीता जा रहा है। इसलिये हमें जनकनन्दिनी सीता की खोज आरम्भ कर देनी चाहिये।"

सुग्रीव सत्वगुण से सम्पन्न थे। हनुमान के द्वारा स्मरण दिलाये जाने पर तत्काल उन्होंने श्री राम के कार्य को सिद्ध करने का निश्चय किया। उन्होंने नील नामक कुशल वानर को बुला कर आज्ञा दी, "हे नील! तुम ऐसा प्रयत्न करो जिससे मेरी सम्पूर्ण सेना शीघ्र यहाँ एकत्रित हो जाय। सभी यूथपतियों को सेना एवं सेनापतियों के साथ यहाँ अविलम्ब एकत्रित होने का आदेश दो। राज्य सीमा की रक्षा करने वाले सब उद्यमी एवं शीघ्रगामी वानरों को यहाँ तत्काल उपस्थित होने के लिये आज्ञा प्रसारित करो। सभी को सूचित कर दो कि जो भी वानर पन्द्रह दिन के अन्दर यहाँ बिना किसी अपरिहार्य कारण के उपस्थित नहीं होगा, उसे प्राण-दण्ड दिया जायेगा।"

ऐसा प्रबन्ध कर सुग्रीव अपने महलों में चले गये।

शरद ऋतु का आरम्भ हो गया किन्तु राम को सुग्रीव द्वारा सीता के लिये खोज करने की के विषय में कोई सूचना नहीं मिली। वे सोचने लगे कि सुग्रीव अपना उद्देश्य सिद्ध हो जाने पर मुझे बिल्कुल भूल गया है। ऐसा प्रतीत होता है कि अब सीता को पाने की कोई आशा शेष नहीं रह गई है। न जाने सीता पर कैसी बीत रही होगी। राजहंसों के शब्दों को सुन कर निद्रात्याग करने वाली सीता न जाने अब कैसे रह रही होगी। यह शरद ऋतु उसे और भी अधिक व्याकुल कर रही होगी। यह सोचते हुये राम सीता को स्मरण कर के विलाप करने लगे।

उस समय लक्ष्मण फल एकत्रित करने के लिये गये हुए थे। जब लक्ष्मण फल ले कर समीपवर्ती वाटिका से लौटे तो उन्होंने अपने बड़े भाई की अवस्था पर दृष्टिपात किया। लक्ष्मण को देखते ही उन्होंने निश्वास ले कर कहा, "हे लक्ष्मण! पृथ्वी को जलप्लावित कर देने वाले गरजते बादल अब शान्त हो कर पलायन कर गये हैं। आकाश निर्मल हो गया है। चन्द्रमा, नक्षत्र और सूर्य की प्रभा पर शरद ऋतु का प्रभाव स्पष्ट दृष्टिगोचर होने लगा है। हंस मानसरोवर का परित्याग कर पुनः लौट आये हैं और चक्रवातों के समान सरिता के रेतीले तटों पर क्रीड़ा कर रहे हैं। वर्षाकाल में मदोन्मत्त हो कर नृत्य करने वाले मोर अब उदास हो गये हैं। सरिता की कल-कल करती वेगमयी गति अब मन्द पड़ गई है मानो वे कह रही हैं कि चार दिन के यौवन पर मदोन्मत्त हो कर गर्व करना उचित नहीं है। सूर्य की किरणों ने मार्ग की कीचड़ को सुखा डाला है, इससे वे आवागमन और यातायात के लिये खुल गये हैं। राजाओं की यात्रा के दिन आ गये हैं, परन्तु सुग्रीव ने न तो अब तक मेरी सुधि ली है और न जानकी की खोज कराने की कोई व्यवस्था ही की है। वर्षाकाल के ये चार मास सीता के वियोग में मेरे लिये सौ वर्ष से भी अधिक लम्बे हो गये हैं। परन्तु सुग्रीव को मुझ पर अभी

तक दया नहीं आई। पता नहीं मेरे भाग्य में क्या लिखा है। राज्य छिन गया, देश निकाला हो गया, पिता की मृत्यु हो गई, पत्नी का अपहरण हो गया और अन्त में इस वानर के द्वारा भी ठगा गया। हे वीर! तुम्हें याद होगा कि सुग्रीव ने प्रतिज्ञा की थी कि वर्षा ऋतु समाप्त होते ही सीता की खोज कराऊँगा, परन्तु अपना स्वर्थ सिद्ध हो जाने के बाद वह इस प्रतिज्ञा को इस प्रकार भूल गया है। इसलिये तुम किष्किन्धा जा कर उस स्वार्थी वानर से कहो कि जो प्रतिज्ञा कर के उसका पालन नहीं करता, वह नीच और पतित होता है। क्या वह भी वालि के जैसे ही यमलोक को जाना चाहता है? तुम उसे मेरी ओर से सचेत कर दो ताकि मुझे कोई कठोर पग उठाने के लिये विवश न होना पड़े।"

• लक्ष्मण-सुग्रीव संवाद

श्री रामचन्द्र जी की आज्ञा पाकर, सदैव बड़े भाई के हित में लगे रहने वाले, लक्ष्मण क्रुद्ध होकर किष्किन्धा की ओर चले। मार्ग के वृक्षों को बलपूर्वक गिराते हुए, पर्वतशिखरों को उठा कर फेंकते हुए, नगर की ऊँची-ऊँची अट्टालिकाओं से सुशोभित बाजारों और चौराहों को पार कर, वे सुग्रीव के राजप्रासाद में जा पहुँचे। लक्ष्मण को अत्यन्त क्रोधित देख कर सुग्रीव के सुभट भयभीत हो कर इधर-उधर भागने लगे। लक्ष्मण सीधे सुग्रीव के रनिवास में पहुँचे। वहाँ से मृदंग की ताल के साथ कोकिलकण्ठी कामिनियों के गायनों के स्वर निकल रहा था। महाबली लक्ष्मण ने सुग्रीव के उस अन्तःपुर में अनेक रूपरंग की बहुत सी रूप-यौवन के गर्व से भरी हुई सुन्दरी स्त्रियों को देखा। नूपुरों की झंकार और करधनी की खनखनाहट करती हुई परस्त्रियों को देख कर शीलवान लक्ष्मण अत्यन्त लज्जित हो गये। श्री रामचन्द्र जी का कार्य सिद्ध होते न देख कर कुपित लक्ष्मण ने धनुष की टंकार की जिससे समस्त दिशाएँ गूँज उठीं।

उस समय सुग्रीव के कक्ष में इन्द्र की अप्सराओं को भी लजाने वाली नृत्यांगनाएँ नूपुरों और मेखलाओं की झंकार के साथ नृत्य कर रही थीं और सुग्रीव मद्यपान से अचेत अर्द्धनिमीलित नेत्रों से यह सब देख रहा था। धनुष के टंकार की ध्वनि को सुनते ही नृत्य करने वाली रमणियाँ भयभीत हो कर एक ओर खड़ी हो गईं। भय से सुग्रीव का मुख पीला पड़ गया। उसने सहम कर तारा से पूछा, "हे प्रिये! रामचन्द्र जी का यह छोटा भाई अकारण ही इतना क्रुद्ध हो कर क्यों आया है? तुम अपनी मृदु वाणी से उसे शान्त करो! जैसे भी हो वाणी कौशल से उसके क्रोध को शान्त कर के यहाँ आने का कारण ज्ञात करो।"

पति की आज्ञा का पालन करती हुई मुस्कुराती तारा लक्ष्मण के पास पहुँची। अपने सम्मुख सुन्दर युवती को पा कर ब्रह्मचारी लक्ष्मण ने अपने क्रोध को नियन्त्रित किया और अपनी दृष्टि झुका ली। लक्ष्मण को दृष्टि झुकाये देख तारा का भय कुछ कम हुआ।

तारा मृदु वाणी में बोली, "हे रघुकुलश्रेष्ठ! आपके इस क्रोध का क्या कारण है? क्या हम से कोई अपराध हुआ है? यदि आपके दास सुग्रीव से कोई अपराध हुआ भी है तो भी आप

जैसे उदार एवं क्षमाशील महापुरुष को उसे क्षमा प्रदान करनी चाहिये। वे आपके सेवक हैं, कृतघ्न नहीं हैं, और न ही वे कपटी एवं मिथ्यावादी हैं। आपके उपकार को वे सदा स्मरण करते रहते हैं और आप दोनों भाइयों का ही गुणगान करते रहते हैं। श्री रामचन्द्र की कृपा से ही उन्होंने अपने राज्य को, रुमा को और मुझे प्राप्त किया है। भारी दुःख के बाद सुख मिलने के कारण उनसे कुछ भूल हो गई है और वे आपके दर्शन न कर सके। आप तो जानते ही हैं कि विश्वामित्र जैसे महामुनि भी घृताची नामक अप्सरा पर मुग्ध हो कर दस वर्ष तक उसके साथ रमण करते रहे थे, फिर सुग्रीव तो एक साधारण व्यक्ति है। हे राघव! मैं हाथ जोड़ कर प्रार्थना करती हूँ कि आप उन्हें क्षमा कर दें। मैं आपको विश्वास दिलाती हूँ कि वे श्री रामचन्द्र जी के कार्य के लिये राज्य का सुख, मुझे, रुमा को और अंगद को भी छोड़ देंगे और जब तक जनक दुलारी सीता जी को श्री रामचन्द्र जी से नहीं मिला देंगे तब तक शान्ति से नहीं बैठेंगे। वानरों के सरदारों को बुलाने के लिये दूत भेजे जा चुके हैं। आज ही वे सब लोग आने वाले हैं। उन सब को ले कर वे आज ही सीतापति के पास जायेंगे। आप क्रोध त्याग कर मेरी बात पर विश्वास करें। मैं कभी मिथ्या भाषण नहीं करती।"

तारा के वाक्यों से शान्त हो कर लक्ष्मण सुग्रीव के पास पहुँचे। लक्ष्मण के पहुँचते ही सुग्रीव अपने आसन से उठ कर खड़ा हो गया। उसके एक ओर रुमा और दूसरी ओर तारा थी। लक्ष्मण ने क्रुद्ध हो कर कहा, "हे वानरराज! संसार जितेन्द्रिय, दयालु और कृतज्ञ राजा का ही सम्मान करता है। जो किसी मनुष्य को सहायता देने का वचन दे कर भी उसकी सहायता नहीं करता उसे आत्महत्या जैसा महापाप लगता है। शास्त्रों में गौघाती, चोर और अपना व्रत भंग करने वाले के लिये तो प्रायश्चित का प्रावधान है, परन्तु कृतघ्नता के पाप का कोई प्रायश्चित नहीं बताया गया है। उसे तो अनन्त काल तक नरक की यातनाएँ भोगनी पड़ती हैं। रामचन्द्र जी ने तुम्हारे साथ जो उपकार किया है, उसे भुला देना तुम्हारे लिये उचित नहीं है। इसलिये सुग्रीव! अब तुम्हें उस वचन का पालन करना चाहिये जो तुमने उन्हें दिया है।"

लक्ष्मण की बात सुन कर सुग्रीव अत्यन्त नम्रता के साथ बोला, "हे रघुकुलतिलक! श्री रामचन्द्र जी की दया से ही मैंने अपना खोया हुआ राज्य फिर से पाया है, इसलिये उनके इस महान उपकार को मैं जीवन भर नहीं भूल सकता। मैं जानता हूँ, वे अपने अपूर्व पराक्रम से सीता को चुराने वाले राक्षस को एक क्षण में नष्ट कर सकते हैं, केवल मेरा मान बढ़ाने के लिये वे मुझसे सहायता माँग रहे हैं। इसके लिये मैं उनका अत्यन्त अनुग्रहीत हूँ। उनके साथ मेरी सेना और मैं भी युद्ध करने के लिये चलेंगे। अब तक हुए विलम्ब के लिये आप मुझे क्षमा करें।"

लक्ष्मण इन वचनों से सन्तुष्ट हो कर बोले, "अब तुम मेरे साथ चल कर भैया के दुःखी मन को सन्तोष दो। वे सीता जी के वियोग में बहुत दुःखी हो रहे हैं।"

- वानरों को सीता की खोज का आदेश

लक्ष्मण से प्रेरणा पाकर सुग्रीव ने अपने यूथपतियों के साथ रामचन्द्र जी से मिलने के लिये प्रस्थान किया। एक पालकी मँगा कर उसमें पहले लक्ष्मण को आरूढ़ किया और फिर स्वयं भी उसमें जा बैठा। शंखों और भेरियों की ध्वनि करते हुए सहस्त्रों वीरों के साथ सुग्रीव वहाँ पहुँचा जहाँ श्री राम निवास कर रहे थे। लक्ष्मण को आगे कर और हाथ जोड़ कर विनीत भाव से सुग्रीव श्री राम के सम्मुख खड़ा हो गया। रामचन्द्र जी ने प्रसन्न हो कर सुग्रीव को गले लगाया और फिर उसकी प्रशंसा करते हुये कहा, "हे वानरेश! समय पर अपने सम्पूर्ण शुभ कार्यों को करने वाला राजा ही वास्तव में शासन करने के योग्य होता है और जो भोग विलास में लिप्त हो कर इन्द्रयों के वशीभूत हो जाता है, वह अन्त में विनाश को प्राप्त होता है। अब तुम्हारे उद्योग करने का समय आ गया है। अतएव तुम अपने मति अनुसार जैसा उचित समझो, वैसा करो ताकि सीता का पता मुझे शीघ्र प्राप्त हो सके।"

श्री राम के नीतियुक्त वचन सुन कर सुग्रीव ने कहा, "हे प्रभो! मैं तो आपका अकिंचन दास हूँ। मैं आपके उपकार को कभी नहीं भूल सकता। जनकनन्दिनी की शीघ्र खोज करवाने के उद्देश्य से मैं इन सहस्त्र वानर यूथपतियों को ले कर यहाँ उपस्थित हुआ हूँ। इन सबके पास अपनी-अपनी सेनाएँ हैं और ये स्वयं भी इन्द्र के समान पराक्रमी हैं। आपकी आज्ञा पाते ही ये लंकापति रावण को मार कर सीता को ले आयेंगे। इन्हें आप इस कार्य के लिये आज्ञा प्रदान करें।"

सुग्रीव की उत्साहवद्र्धक बात सुन कर राम बोले, "राजन्! सबसे पहले तो इस बात का पता लगाना चाहिये कि सीता जीवित भी है या नहीं। यदि जीवित है, तो उसे कहाँ रखा गया है? रावण का निवास स्थान कहाँ है? उसके पास कितनी और कैसी सेना है? वह स्वयं कितना पराक्रमी है? इन समस्त बातों के ज्ञात हो जाने पर ही आगे की योजना पर विचार किया जायेगा। यह कार्य ऐसा है जिसे न मैं कर सकता हूँ और न ही लक्ष्मण। केवल तुम ही अपनी सेना के द्वारा करवा सकते हो।"

राम के वचन सुनकर सुग्रीव ने अपने यूथपतियों को बुला कर आज्ञा दी, "हे वीर महारथियों! अब मेरी लाज और श्री रामचन्द्र जी का जीवन तुम लोगों के हाथ में है। तुम दसों दिशाओं में जा कर जानकी जी की खोज करो। उन सभी पर्वतों की दुर्गम कन्दराओं, वनों, नदी तटों, समुद्री द्वीपों, उपत्यकाओं और उन गुप्त स्थानों को छान मारो जहाँ उनके होने की तनिक भी सम्भावना हों। आकाश, पाताल, भूमण्डल का कोई भी स्थान छिपा नहीं रहना चाहिये। एक मास के अन्दर जानकी जी का पता मिल जाना चाहिये। यदि इस अवधि में उनका पता न लगा सके तो तुम स्वयं का वध हुआ समझो।"

• हनुमान को मुद्रिका देना

वानर यूथपतियों को इस प्रकार की कठोर आज्ञा दे कर सुग्रीव हनुमान से बोला, "हे कपिश्रेष्ठ! पृथ्वी, अन्तरिक्ष, आकाश, पाताल, देवलोक, वन, पर्वत, सागर कोई ऐसा स्थान

नहीं है जहाँ तुम्हारी गति न हो। असुर, गन्धर्व, नाग, मनुष्य, देवता, समुद्र तथा पर्वतों सहित सम्पूर्ण लोकों को तुम जानते हो और तुम अतुल, अद्वितीय, पराक्रमी तथा साहसी हो। तुम्हारी सूझबूझ और कार्यकुशलता भी अपूर्व है। यद्यपि मैंने सीता जी की खोज के लिये सब वानरों को आदेश दिया है परन्तु मुझे सच्चा भरोसा तुम्हारे ऊपर ही है और तुम्हें ही उनका पता लगा कर लाना है।"

सुग्रीव का हनुमान पर इतना भरोसा देख कर राम बोले, "हे हनुमान! सुग्रीव की भाँति मुझे भी तुम पर विश्वास है कि तुम सीता का पता अवश्य लगा लोगे। इसलिये मैं तुम्हें अपने नाम से सुशोभित अपनी यह मुद्रिका देता हूँ। जब कभी जानकी मिले, उसे तुम यह मुद्रिका दे देना। इसे पा कर वह तुम्हारे ऊपर सन्देह नहीं करेगी। तुम्हें मेरा दूत समझ कर सारी बातें बता देगी।"

राम की मुद्रिका ले कर हनुमान ने उसे अपने मस्तक से लगाया और सुग्रीव तथा श्री राम के चरणों को स्पर्श कर के वानरों की सेना के साथ सीता को खोजने के लिये निकल पड़े। शेष वानर भी सुग्रीव के निर्देशानुसार भिन्न-भिन्न दिशाओं के लिये चल पड़े। उन्होंने वनों, पर्वतों, गिरिकन्दराओं, घाटियों, ऋषि-मुनियों के आश्रमों, विभिन्न राजाओं की राजधानियों, शैल-शिखरों, सागर द्वीपों, राक्षसों, यक्षों, किन्नरों के आवासों आदि को छान मारा परन्तु कहीं भी उन्हें जनकनन्दिनी सीता का पता नहीं मिला। अन्त में भूख-प्यास से व्यथित हो थक कर उत्साहहीन हो निराशा के साथ एक स्थान पर बैठ कर अपने कार्यक्रम के विषय में विचार विमर्श करने लगे। एक यूथपति ने उन्हें सम्बोधित करते हुये कहा, "हमने उत्तर पूर्व और पश्चिम दिशा का कोई स्थान नहीं छोड़ा। अत्यन्त अगम्य प्रतीत होने वाले स्थानों को भी हमने छान मारा किन्तु कहीं भी महारानी सीता का पता नहीं चला। मेरे विचार से अब हमें दक्षिण दिशा की ओर प्रस्थान करना चाहिये। इसलिये अब अधिक समय नष्ट न कर के हमें तत्काल चल देना चाहिये।"

यूथपति का प्रस्ताव स्वीकार कर सबसे पहले यह दल विन्ध्याचल पर पहुँचा। वहाँ की गुफाओं, जंगलों, पर्वत-शिखरों आदि सभी स्थानों को उन्होंने छान मारा किन्तु जनकनन्दिनी सीता के उन्हें दर्शन नहीं मिले। विन्ध्यपर्वत के आसपास का महान देश अनेक गुफाओं तथा घने जंगलों से भरा था इसलिये वहाँ जानकी जी को ढूँढने में उन्हें अत्यन्त कठिनाई का सामन करना पड़ा।

इस प्रकार से जानकी जी की खोज के लिये सुग्रीव के द्वारा दिया गया समय व्यतीत हो गया। समस्त वानर पूर्णतः निराश हो गये और सुग्रीव के द्वारा दिये जाने वाले दण्ड के विषय में सोचकर अत्यन्त भयभीत भी हो गये। उनकी निराशा और भय को देख कर महाबुद्धिमान अंगद ने कहा, "निराश और भयभीत होने की आवश्यकता नहीं है। यदि हम सभी वानर अभी भी प्रयत्न करके जानकी जी को खोज लेंगे तो महाराज सुग्रीव प्रसन्न ही होंगे। कर्म का फल अवश्य ही मिलता है अतः खिन्न होकर उद्योग को छोड़ देना कदापि उचित नहीं है।

राजकुमार अंगद की बातों से उत्साहित होकर वानरों ने जानकी जी की खोज के लिये पुनः उद्योग करना आरम्भ कर दिया। वहाँ के अत्यन्त भयंकर तथा सुनसान जंगलों में न तो पानी मिलता था और न ही किसी प्रकार के कंद-मूल-फल ही मिलते थे। मनुष्य का तो नामोनिशान तक दिखाई नहीं देता था। वहाँ अन्वेषण कार्य बहुत ही कठिन था और वानरों को वहाँ अत्यन्त कष्ट सहन करना पड़ा।

समस्त वानर भूख प्यास से व्याकुल होकर वहाँ घूम रहे थे तो उन्हें एक गुफा दिखाई पड़ी। वह गुफा यद्यपि अन्धकारमय थी किन्तु उसमें से हंस, क्रौंच, सारस और जल से भीगे हुए चकवे निकलते हुए दृष्टिगत हुए। उन जल से भीगे हुए पक्षियों को देख कर हनुमान जी ने अनुमान लगाया कि अवश्य ही उस गुफा के भीतर जल का स्रोत है। हनुमान जी की सलाह के अनुसार समस्त वानर उस गुफा में प्रवेश कर गये।

* तपस्विनी स्वयंप्रभा

वह गुफा अत्यन्त ही अन्धकारमय थी किन्तु वानरों की दृष्टि उस अन्धकार में भी कार्य कर रही थी। उनका तेज और पराक्रम अवरुद्ध नहीं होता था और उनकी गति वायु के समान थी। तीव्र वेग के साथ वे उस गुफा के भीतर पहुँच गये। भीतर पहुँच कर उन्होंने देखा कि वह स्थान अत्यन्त उत्तम, प्रकाशमान और मनोहर था। चारों ओर साल, ताल, तमाल, नागकेसर, अशोक, धव, चम्पा, कनेर आदि के पुष्पयुक्त वृक्ष दृष्टिगत हो रहे थे। वे सभी वृक्ष सुवर्णमय थे, उनसे अग्नि के समान प्रभा निकल रही थी और उनके फल फूल भी सुनहरे रंग के थे। इन वृक्षों में लगे मूँगे और मणियों के समान चमकीले फूलों और फलों पर सुनहरे रंग के भौंरे मंडरा रहे थे। सूर्य जैसी आभा वाली काञ्चन वृक्षों से घिरे अनेक विशाल सरोवर भी दिखाई पड़े जिनमें स्वर्णकमल और सुनहरे मत्स्य शोभा पा रहे थे।

उन्होंने वहाँ पर सोने और चांदी से बने हुए बहुत सारे भवन भी देखे जिनकी खिड़कियाँ मोतियों की जालियों से ढँकी हुई थीं। स्वर्ण तथा रजत से निर्मित विमान भी दृष्टिगत हो रहे थे। वहाँ रखे हुये अनेक पात्रों में सोने, चांदी और कांसे के ढेर भरे हुए थे। बहुमूल्य सवारियाँ, सरस मधु, महामूल्यवान दिव्य वस्त्रों के ढेर, विचित्र कम्बल एवं कालीनें, मृगचर्मों के समूह आदि भी जहाँ तहाँ रखे हुए थे।

कुछ दूर जाने पर उन्हें वक्कल और काले रंग का मृगचर्म धारण किये हुये एक स्त्री दिखी जिसका मुख तपस्या के तेज से दमक रहा था।

परम बुद्धिमान हनुमान जी ने उस तपस्विनी के पास जाकर हाथ जोड़ कर कहा, "देवि! आप कौन हैं? यह गुफा, ये भवन तथा ये रत्नादि किसके हैं? हे देवि! हम लोग भूख-प्यास और थकावट से व्याकुल होकर जल मिलने की आशा से इस गुफा में चले आये हैं किन्तु यहाँ के अद्भुत पदार्थों को देख कर हमारी विवेकशक्ति लुप्तप्राय हो गई है। यह सब आपकी तपस्या के प्रभाव से हुआ है या यह कोई आसुरी माया है?"

तपस्विनी ने यह कह कर कि तुम सब पहले भोजन ग्रहण कर लो, उन सभी को शुद्ध भोजन, फल-मूल आदि दिया।

फिर भोजन से तृप्त हुए वानरों से तपस्विनी ने कहा, "वानरश्रेष्ठ! इस दिव्य सुवर्णमय उत्तम भवन को दानवशिरोमणियों के विश्वकर्मा मयासुर ने बनाया है। इस भवन में निवास करते हुए मयासुर का सम्पर्क हेमा नाम की अप्सरा से हो गया जिससे क्रुद्ध होकर देवराज इन्द्र ने अपने वज्र से मयासुर का वध कर डाला। अब यह स्थान हेमा के ही आधीन है। मैं मेरसावर्णि की कन्या हूँ और मेरा नाम स्वयंप्रभा है। हेमा मेरी प्रिय सखी है। उसी के द्वारा नियुक्त होकर मैं इस स्थान का संरक्षण करती हूँ। अब तुम लोग बताओ कि तुम लोग किस प्रयोजन से घूम रहे हो?"

पवनकुमार हनुमान जी बोले, "देवि! पिता की आज्ञा से दशरथनन्दन श्री राम अपनी पत्नी सीता और अनुज लक्ष्मण के साथ दण्डकारण्य में निवास कर रहे थे। जनस्थान में आकर रावण ने उनकी स्त्री का बलपूर्वक अपहरण कर लिया। श्री राम वानरराज सुग्रीव के मित्र हैं। हम लोग अपने राजा सुग्रीव की आज्ञा से जानकी जी की खोज कर रहे हैं। हमें इस गुफा से बाहर निकलने का कोई मार्ग नहीं दिख रहा है अतः आप हमें यहाँ से बाहर निकालने की कृपा करें ताकि हम अपने कर्तव्य को पूर्ण कर सकें।"

तपस्विनी स्वयंप्रभा ने कहा, "श्रेष्ठ वानरों! यद्यपि इस स्थान में आ जाने वाला जीवन भर यहाँ से बाहर नहीं निकल सकता किन्तु मैं अपने तप के प्रभाव से तुम सब को यहाँ से बाहर निकाल दूँगी। तुम सभी अपनी आँखें बंद कर लो।"

वानरों के आँख मूँदते ही स्वयंप्रभा ने निमिषमात्र में उन्हें गुफा से बाहर निकाल कर कहा, "अब तुम अपनी आँखें खोल लो। यह देखो तुम्हारे समक्ष महासागर लहरा रहा है। तुम्हारा कल्याण हो।"

इतना कह कर तपस्विनी स्वयंप्रभा अपने स्थान में वापस चली गईं।

• **जाम्बवन्त द्वारा हनुमान को प्रेरणा**

वानरों के समक्ष भयंकर महासागर विशाल लहरों से व्याप्त होकर निरन्तर गर्जना कर रहा था। समुद्र तट पर बैठ कर वे विचार विमर्श करने लगे।

युवराज अंगद निराश हो कर बोले, "सीता जी को खोज पाने में हम लोग सर्वथा निष्फल रहे हैं। अब हम लौट कर राजा सुग्रीव और रामचन्द्र जी को कैसे मुख दिखायेंगे। निष्फल हो कर लौटने से तो अच्छा है कि हम यहाँ अपने प्राण त्याग दें।"

इस पर बुद्धिमान हनुमान जी ने कहा, "तारानन्दन! तुम युद्ध में अपने पिता के समान ही अत्यन्त शक्तिशाली हो। अत्यन्त बुद्धिमान होते हुए भी तुम इस तरह से निराशा की बातें कर रहे हो यह तुम्हें शोभा नहीं देता।"

इस प्रकार से उनका विचार विमर्ष चल ही रहा था कि वहाँ पर गृध्रराज सम्पाति आ पहुँचा। वानरों को देख कर वह बोला, "आज दीर्घकाल के पश्चात् मुझे मेरे कर्मों के फल के रूप में यह भोजन प्राप्त हुआ है। मैं एक एक कर के वानरों का भक्षण करता जाऊँगा।"

सम्पाति के वचन सुनकर दुःखी हुए अंगद ने हनुमान जी से कहा, "एक तो हम लोग जानकी जी को खोज नहीं पाये, उस पर यह दूसरी विपत्ति आ गई। हमसे तो अच्छा गृध्रराज जटायु ही था जिसने श्री रामचन्द्र जी के कार्य को करते हुये अपने प्राण न्यौछावर कर दिया था।"

अंगद के मुख से जटायु का नाम सुनकर सम्पाति ने आश्चर्य से कहा, "जटायु तो मेरा छोटा भाई है। तुम उसके विषय में मुझे पूरा पूरा हाल कहो।"

अंगद से जटायु के विषय में पूरा हाल सुनकर सम्पाति बोला, "बन्धुओं! तुम सीता जी की खोज करने जा रहे हो। मैं इस विषय में जो भी जानता हूँ वह तुम्हें बताता हूँ क्योंकि रावण से मैं अपने छोटे भाई जटायु का प्रतिशोध लेना चाहता हूँ। परन्तु मैं वृद्ध और दुर्बल होने के कारण रावण का वध नहीं कर सकता। इसलिये मैं तुम्हें उसका पता बताता हूँ। सीता जी का हरण करने वाला रावण लंका का राजा है और उसने सीता जी को लंकापुरी में ही रखा है जो यहाँ से सौ योजन (चार सौ कोस) की दूरी पर है और इस समुद्र के उस पार है। लंकापुरी में बड़े भयंकर, सुभट, पराक्रमी राक्षस रहते हैं। लंकापुरी एक पर्वत के ऊपर स्वर्ण निर्मित नगरी है जिसका निर्माण स्वयं विश्वकर्मा ने किया है। उसमें बड़ी सुन्दर ऊँची-ऊँची मनोरम स्वर्ण निर्मित अट्टालिकाएँ हैं। वहीं पर स्वर्णकोट से घिरी अशोकवाटिका है जिसमें रावण ने सीता को राक्षसनियों के पहरे में छिपा कर रखा है। इस समुद्र को पार करने का उपाय करो तभी तुम सीता तक पहुँच सकोगे।"

यह कह कर वह गृद्ध मौन हो गया।

विशाल सागर की अपार विस्तार देख कर सभी वानर चिन्तित होकर एक दूसरे का मुँह ताकने लगे। अंगद, नल, नील आदि किसी भी सेनापति को समुद्र पार कर के जाने का साहस नहीं हुआ।

उन सबको निराश और दुःखी देख कर वृद्ध जाम्बन्त ने कहा, "हे पवनसुत! तुम इस समय चुपचाप क्यों बैठे हो? तुम तो वानरराज सुग्रीव के समान पराक्रमी हो। तेज और बल में तो राम और लक्ष्मण की भी बराबरी कर सकते हो। तुम्हारा वेग और विक्रम पक्षिराज गरुड़ से किसी भी भाँति कम नहीं है जो समुद्र में से बड़े-बड़े सर्पों को निकाल लाता है। इतना अतुल बल और साहस रखते हुये भी तुम समुद्र लाँघ कर जानकी जी तक पहुँचने के लिये तैयार क्यों नहीं होते? तुम्हें तो समुद्र या लंका में मृत्यु का भी भय नहीं है क्योंकि तुम्हें देवराज इन्द्र से इच्छामृत्यु का वर प्राप्त है। जब तुम चाहोगे, तभी तुम्हारी मृत्यु होगी अन्यथा नहीं। तुम केशरी के क्षेत्रज और वायुदेव के औरस पुत्र हो, इसीलिये उन्हीं के सदृश तेजस्वी और अबाध गति वाले हो। हम लोगों में तुम ही सबसे अधिक साहसी और शक्तिशाली हो। इसलिये उठो और इस महासागर को लाँघ जाओ। तुम्हीं इन निराश वानरों की चिन्ता को दूर कर सकते

हो। मैं जानता हूँ, इस कार्य को केवल तुम और अंगद दो ही व्यक्ति कर सकते हो, पर अंगद अभी बालक है। यदि वह चूक गया और उसकी मृत्यु हो गई तो सब लोग सुग्रीव पर कलंक लगायेंगे और कहेंगे कि अपने राज्य को निष्कंटक बनाने के लिये उसने अपने भतीजे को मरवा डाला। यदि मैं वृद्धावस्था के कारण दुर्बल न हो गया होता तो सबसे पहले मैं समुद्र लाँघता। इसलिये हे वीर! अपनी शक्ति को समझो और समुद्र लाँघने को तत्पर हो जाओ।"

जाम्बवन्त के प्रेरक वचनों को सुन कर हनुमान को अपनी क्षमता और बल पर पूरा विश्वास हो गया। अपनी भुजाओं को तान कर हनुमान ने अपने सशक्त रूप का प्रदर्शन किया और गुरुजनों से बोले, "आपके आशीर्वाद से मैं मेघ से उत्पन्न हुई बिजली की भाँति पलक मारते निराधार आकाश में उड़ जाउँगा। मुझे विश्वास हो गया है कि मैं लंका में जा कर अवश्य विदेहकुमारी के दर्शन करूँगा।"

यह कह कर उन्होंने घोर गर्जना की जिससे समस्त वानरों के हृदय हर्ष से प्रफुल्लित हो गये। सबसे विदा ले कर हनुमान महेन्द्र पर्वत पर चढ़ गये और मन ही मन समुद्र की गहराई का अनुमान लगाने लगे।

॥किष्किन्धाकाण्ड समाप्त॥